재우쌤의 창의여행

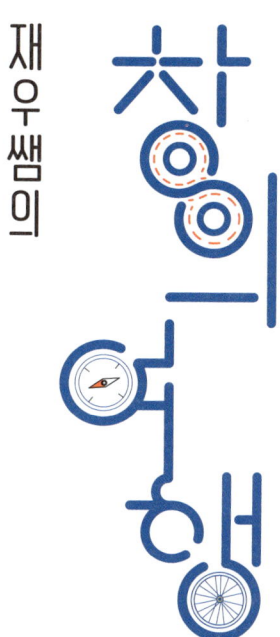
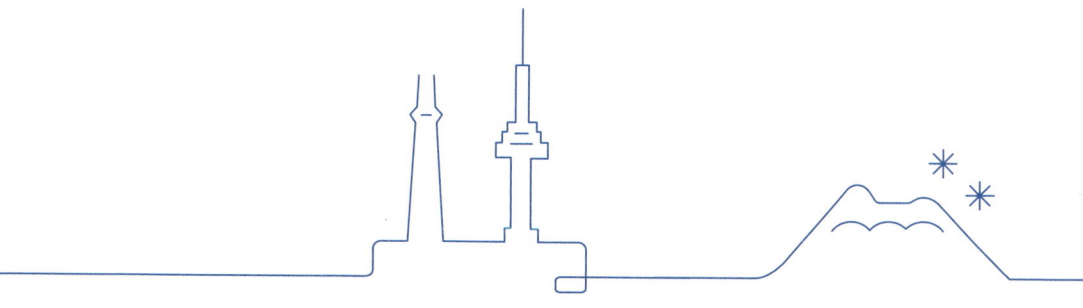

재우쌤의 창의여행

김재우 지음

추천사

재우쌤의 창의여행은 긴 겨울의 끝에 피어나는 매화처럼 아름답고 향기롭습니다. 저는 재우쌤과 같이 이 책에 소개된 많은 지역들을 여행했습니다. 알고 보면 정말 아름다운 우리나라, 이 7년간의 여행 기록과 함께라면 여러분도 믿고 떠날 수 있습니다. '여행이 최고의 공부'라고 자신 있게 말하는 재우쌤을 따라 교실 밖 세상에서 성장해 볼까요? 그럼, 우리 길 위에서 만나요!

오성민(프로듀서 / KBS 〈걸어서 세계속으로〉, EBS 〈세계테마기행〉 연출)

재우쌤은 좋은 여행 친구입니다. 유쾌하고 친절한 것은 기본이고 세상을 늘 배움의 시각으로 바라보는 현명함까지 갖추고 있기 때문이죠. 이 책은 그런 저자를 꼭 닮아 있습니다. 마음이 크는 여행을 즐기고자 하는 이들에게 더없이 따뜻한 이 책, 여행 떠나기 전날 밤에 가방에 꼭 넣어 두셨으면 좋겠습니다.

리모 김현길(여행 드로잉 작가)

재우쌤을 생각하면 '호연지기(浩然之氣)'라는 단어가 먼저 떠오릅니다. 이 책은 하늘과 땅 사이에 가득 찬 기운을 아이들에게 불어넣어 주고자 하는 선생님의 마음이 투영된 것만 같아요. 여행이라는 인생 교과서를 통해 아이들에게 가르침을 전하고 싶어 하는 선생님과 부모님들에게 이 책은 똑똑한 길잡이가 될 것입니다.

이정교(서울영동중학교 교사)

2020년부터 재우쌤과 저는 자주 함께 여행을 다녔습니다. 산, 바다, 계곡, 박물관 등 다양한 여행 장소만큼이나 이동하고 머무는 방식도 여러 가지였지만 어떤 여행을 떠나든지 재우쌤이 늘 일관되게 하는 것이 있었습니다. 바로 그곳이 지닌 역사, 문화, 지리, 인문학적 가치를 찾고, 꼼꼼히 기록하는 것이었죠. 이렇게 꾸준히 이어져 온 여행의 결실이 7년이라는 반환점을 돌아 한 권의 책으로 탄생하게 되어 대단히 기쁩니다. 옥석을 가려서 만든 보석 같은 이 책은 특히 아이들과 선생님에게 큰 도움이 될 텐데요. 이 책에만 수록된 다채로운 활동 자료를 통해 여행의 감동과 재미를 온전히 내 것으로 만들어 보세요.

이종화(대구죽전초등학교 교사)

재우쌤은 오랜 친구이자 동료 교사로 때로 함께 여행을 하고 길 위에서 많은 생각을 나눕니다. 여행이라는 것이 결국 나와 내 곁의 존재, 만난 적 없으나 분명 연결되어 있는 세상의 다른 존재, 그리고 발 딛고 살아가는 터전과 이어지는 것이기에 우리가 나누는 이야기에는 경계와 한계가 없는 것 같습니다. 그런 점에서 이 책은 펼치는 모두에게 각기 다른 의미로 다가갈 것이라고 생각합니다. 수업 자료 이상의 다양한 가치를 담고 있는 것이죠. 재우쌤이 이곳저곳을 걸으며 눈으로 보고 머리로 생각하고 마음으로 느낀 이야기들이 사진과 글자를 넘어 모두에게 따뜻하게 연결되기를 바라면서 책의 출간을 진심으로 축하합니다.

이지원(서울구산초등학교 교사)

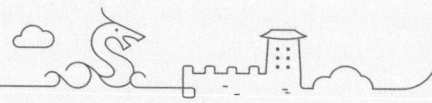

여행을 통해 인생을 배운다

우리나라 최초로 세계 일주를 한 여행가 김찬삼이 여행을 다녀온 후 남긴 말입니다.

그는 원래 아이들에게 지리를 가르치는 선생님이었습니다.

지금과는 교통과 통신 사정이 너무도 달랐던 70여 년 전,

그가 어려움을 감수하고 국내도 아닌 세계 여행을 떠난 데에는 이유가 있었습니다.

바로 교사로서 책에서 배운 것으로만 교육하기에는 큰 한계를 느꼈기 때문입니다.

그는 '어떻게 직접 보지 않고, 겪지 않은 것으로 학생들을 가르칠 수 있는가?' 생각했습니다.

제가 이 책을 쓴 이유도 여기에 있습니다.

여행을 좋아하는 교사로서 여행을 통해 만난 넓은 세상의 이야기를 학생들에게 들려주고 싶었거든요.

여행에서 제가 보고 느낀 것과 다양한 이야기들을 교과적 지식인 앎과 연결하고자 했습니다.

저는 우리 주변의 보물 같은 장소들을 탐방하는 것을 좋아합니다.

현장은 늘 우리를 실망시키지 않고 기대 이상의 배움과 감동을 선물하는 법이니까요.

테마별로 엮은 코스를 따라 지역을 거닐고, 맞춤형 활동 자료를 통해 여행을 돌아보며

교과의 벽을 뛰어넘는 배움을 몸소 느끼고 있답니다.

그래서 저는 여러분들에게 이렇게 말하고 싶어요.

여행이 최고의 공부다

우리나라에는 아름다운 곳이 참 많습니다. 길 따라 초록의 자연과 재미난 이야기가 살아 숨 쉬고,
물 따라 유구한 역사와 찬란한 문화가 흐르지요. 이 속에서 아이들은 자라고, 저 또한 함께 자랍니다.
보고 듣고 즐길 거리가 한 아름 펼쳐지는 길 위에서라면 성장의 속도도 달라지겠지요.
저와 함께라면 전국 방방곡곡 체험 활동도 어렵지 않을 것입니다.

가장 훌륭한 시는 아직 쓰이지 않았다
가장 아름다운 노래는 아직 불리지 않았다
최고의 날들은 아직 살지 않은 날들
가장 넓은 바다는 아직 항해 되지 않았고
가장 먼 여행은 아직 끝나지 않았다
— 나짐 히크메트의 〈진정한 여행〉 中

이제 여러분이 이 이야기의 주인공입니다. 지금 저와 함께 신발 끈 동여매고 교실 밖으로 떠나 보실래요?

이 책에 도움을 주신 가족, 친구, 학생, 동료와 비상 관계자 분들께 감사의 인사를 전합니다.

2023년 1월, 김재우

Part 1 뚜벅뚜벅

문경	옛길을 따라서	12
담양	푸른 대숲에 물들다	20
제주	올레길에서 만나는 해녀 이야기	28
안동	세계 유산 도시를 탐방하다	36

Part 2 풍덩

울산	푸른 꿈을 꾸는 고래 도시	46
서울	시인의 우물을 들여다보다	54
부천	한국 만화, 100년의 시간 여행	62
순창	고추장 비법을 찾아 떠나는 여행	70

Part 3 푸릇푸릇

부안	겹겹의 시간이 빚어낸 해안	80
상주	녹색 성장을 구현하는 자전거의 도시	88
춘천	봄을 맞이하다	96
하동	야생차의 고장, 화개골 이야기	104

Part 4 반짝반짝

청주	금속 활자 직지, 문화를 찍어 내다	114
광명	황금 광산의 재탄생	122
원주	예술적 감성을 키우다	130
세종	국가의 행정을 이해하다	138

Part 5 글썽

제주	4월 3일을 되돌아보다	148
서울	김구와 안중근, 격동의 시대를 넘다	156
광주	5·18 그날을 기억하다	164
서울	전태일, 노동 운동에 불을 지피다	172

Part 6 흘깃

인천	차이나타운에서 만나는 중국	182
수원	조선 최초의 계획도시	190
남원	춘향과 몽룡의 분홍빛 사랑 이야기	198
남해	보물섬에서 만나는 작은 독일	206

뚜벅뚜벅

길은 어디에나 있고, 어디로든 이어집니다.

우리는 이 길 위에서 지나간 어제를 배우고,
다가올 내일을 맞이하는데요.

겹겹의 시간이 쌓인 길을 따라
걸음 닿는 대로 천천히 걸어 볼까요?

문경

옛길을 따라서

문경새재는 태종 14년에 개척한 관도로
우리나라를 대표하는 옛길 중 하나입니다.
백두대간을 넘는 주요 도로였던 이 고개는 높은 고갯마루와
험준한 지형을 자랑하는데, '새재'라는 이름도
새들이 날아서 넘기 힘든 고개라는 뜻에서 붙여졌다는 설이 있습니다.

이곳은 산성을 쌓기에도 유리하여 조선의 군사상 요새로 삼았는데,
당시 축조된 관문과 관방 시설은 아직까지 그 자리를 지키고 있습니다.
영남 지방에서 한양으로 통하는 가장 빠른 길이었던 새재는
과거를 보러 가는 선비들도 많이 이용했는데요.
지금도 새재의 굽이진 산길을 따라 오르면
옛사람들이 왕래하고 머물렀던 흔적을 곳곳에서 느낄 수 있습니다.

이번 시간에는 문경으로 떠나 선조들의 옛길을 거닐어 봅니다.

주요 키워드

#옛길   #지도   #과거제도
#고개   #관방시설   #사극

4 문경 창의여행 코스

이동 시간	이동 2회	약 24분
체험 시간	체험 2회	약 3시간
교 통 비	버스 1회	성인 1,500원 / 청소년 1,200원 / 어린이 800원

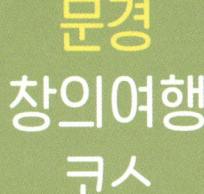

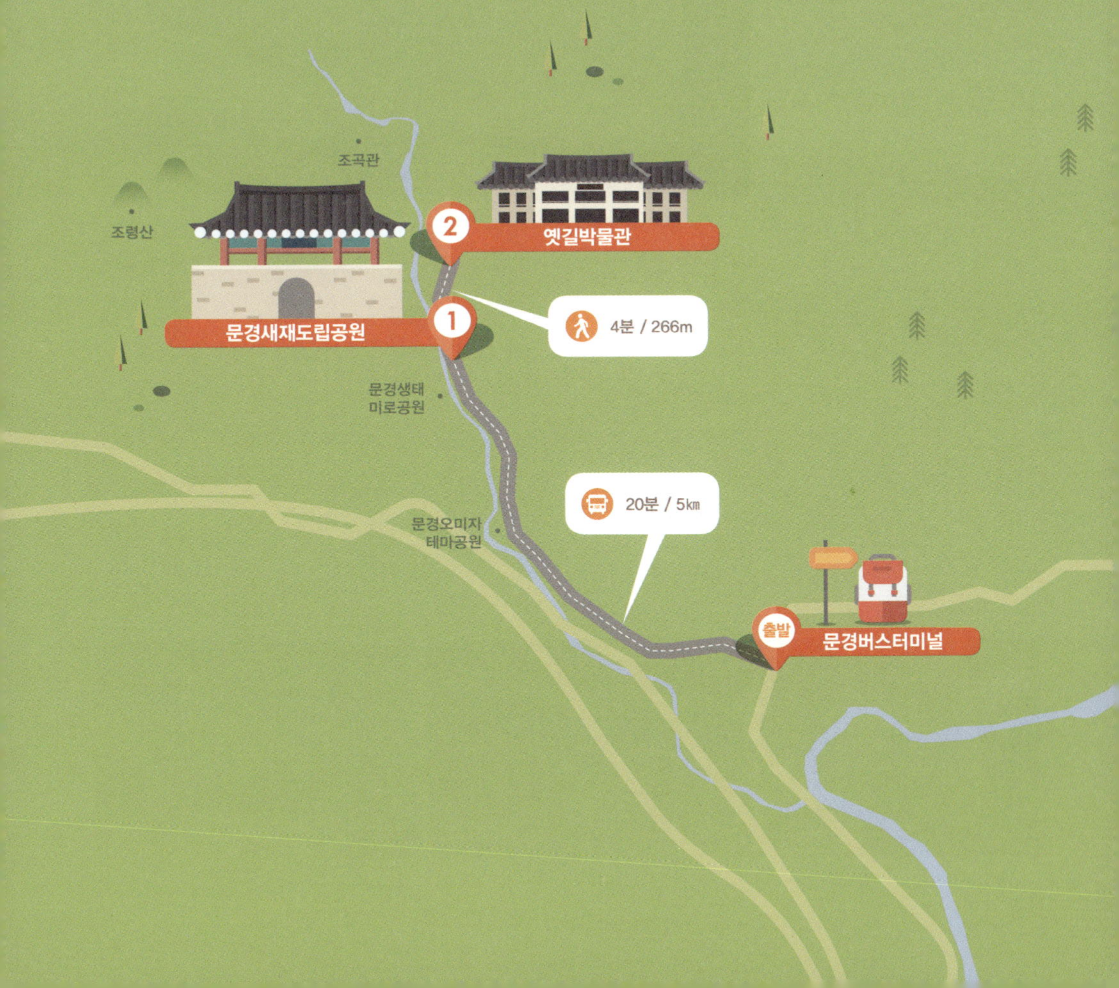

- 조령산
- 조곡관
- ② 옛길박물관
- ① 문경새재도립공원
- 문경생태미로공원
- 4분 / 266m
- 문경오미자테마공원
- 20분 / 5km
- 출발 문경버스터미널

1
문경새재 도립공원

information

주소	경상북도 문경시 문경읍 새재로 932
이용시간	09:00~18:00 연중무휴
입장료	-
문의	054-571-0709

1 문경새재 과거길 표석
2 문경새재아리랑비
3 탐방로
4 주흘관 앞면

경상북도 문경시, 충청북도 충주시와 괴산군에 걸쳐 있는 문경새재도립공원은 그 면적만 5.5㎢에 달합니다. 예로부터 문경새재는 죽령, 추풍령과 함께 한양과 영남 지방의 경제·군사·문화를 잇는 역할을 하였으며, 한강과 낙동강 유역을 통하는 영남대로 가운데에서 가장 빠른 길로 여겨졌습니다. 아래 지방의 물산은 물론이고 과거를 보러 가는 영남의 선비들도 새재를 거쳐 한양으로 가는 경우가 많았습니다. 이곳은 험한 산세 덕분에 조선 시대의 요충지로도 여겨지며 임진왜란 이후 주흘관, 조곡관, 조령관 등 3개의 관문이 설치됐습니다.

20세기 초 경부선 철도와 주변 차도가 정비되자 이 길을 걸어서 오가는 인적도 점차 뜸해졌습니다. 그러다 1981년, 이 일대가 도립공원으로 지정되면서 역사와 문화를 간직한 옛길로 거듭나게 됐습니다.

1 주흘관 뒤편의 '영남제일관' 현판
2 꾸구리바위
3 교귀정
4 마을의 안녕을 기원하는 '조산'

제1관문인 주흘관에서 제3관문인 조령관까지는 약 6.5km로 도보 왕복 4시간이 소요되며 그 길을 따라 여궁폭포, 팔왕폭포, 꾸구리바위 등 자연 명소와 여러 문화 유적이 분포해 있습니다. 그중에서도 교귀정은 조선 시대 때 새로 부임하는 감사가 도의 경계 지점에서 전임 감사에게 업무 인수인계를 받던 교인처였는데, 전국에서는 유일하게 이곳에만 남아 있습니다.

길 위에서는 민족의 정서와 염원 문화가 담긴 소원성취탑, 조산, 바위굴 등도 만날 수 있습니다.

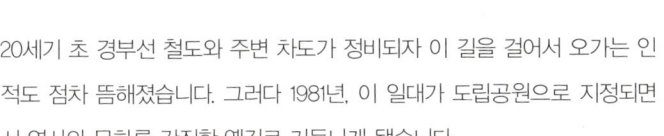

재우쌤의 Tip!

제1관문부터 제3관문까지 다 둘러볼 여건이 안 된다면 제2관문인 조곡관까지 걷는 것도 괜찮습니다. 이 구간은 전체의 절반 정도이지만 비교적 경사가 완만하고 흐르는 계곡을 따라 나무가 우거져 있어 아이들도 쉬엄쉬엄 거닐기 좋습니다.

옛길박물관

information

주소	경상북도 문경시 문경읍 새재로 944
이용시간	하절기(3~10월) 09:00~18:00 동절기(11~2월) 09:00~17:00 1월 1일, 명절 당일 휴관
입장료	성인 1,000원 청소년·어린이 700원
문의	054-550-8365

1 옛길박물관 전경
2 조형물 '휴식'
3 문경의 위성지도
4 옛 여행자들의 모습을 재현한 모형

문경새재도립공원 초입에 위치한 문경옛길박물관은 문경새재의 역사를 아우르고 있어 새재길에 오르기 전 들르기 좋은 코스입니다. 1997년에 설립된 이 박물관은 문경의 민속, 향토 자료를 비롯하여 옛길과 관련된 유물들을 소장하고 있습니다. 1층 전시실에서는 문경에 대한 설명과 함께 이 지역에서 출토된 문화재를 전시하며, 다양한 기획 전시를 진행합니다.

커다란 문경 위성 지도가 펼쳐진 2층에서는 옛길과 관련된 이야기가 본격적으로 시작됩니다. 이 전시실에서는 내비게이션도 없던 시절, 선조들이 길에 대한 정보를 탐색했던 방법과 먼 길을 떠날 때 사용했던 물건, 길 위의 여러 가지 표식들을 만날 수 있습니다.

1 옛길박물관 전시실
2 《퇴계선생문집》 별집
3 과거 시험지

또 우리나라 지도의 변천사와 대표 옛길을 소개하며, 당시 여행자들의 숙식 해결법과 장원급제길, 낙방길 등 길에 얽힌 흥미로운 정보도 담고 있습니다. 전통적으로 영남에서 한양으로 통하는 길에는 추풍령, 죽령, 새재가 있었습니다. 하지만 영남 선비들은 과거를 보러 갈 때는 유독 새재를 고집했다고 하는데, 바로 새재가 치안이 좋으면서 최단 시간에 이동할 수 있는 길이었기 때문입니다. 이외에도 새재에서 내려오는 속설이 있었습니다. 죽령을 넘으면 죽죽 미끄러지고 추풍령을 넘으면 추풍낙엽처럼 떨어진다고 여겼던 반면, 새재를 지나면 옛 지명 문희(聞喜)의 의미처럼 '경사스러운 소식이 들려온다'고 믿었던 것입니다.

이 밖에도 옛길박물관에서는 과거 시험과 관련된 소장품, 조선 시대의 여러 여행 기록들을 둘러볼 수 있습니다. 옛길 영상관에서 길을 소재로 한 애니메이션, 다큐멘터리 등 다양한 영상물을 제공하는데, 박물관을 다 둘러본 후 관람하면 새재와 옛길에 대한 궁금증을 해결하는 데에 도움이 됩니다.

재우쌤의 Tip!

옛길만큼 살아 숨 쉬는 역사의 현장이 또 있을까요? 체험이 끝난 뒤 옛길 위에 얽힌 이야기들을 아이들과 나누어 보세요. 옛길이라는 주제를 펼쳐서 고지도, 과거 시험, 보부상 등 관련 키워드로 활동을 진행해 봐도 흥미로울 거예요.

상식 ➕ 더하기

옛 여행자들은 어떻게 숙식을 해결했을까?

과거에 먼 길을 가려면 꼬박 며칠씩을 걸어야 했습니다. 그래서 관리들은 관, 역, 원 등의 공적 숙박 시설을 이용했습니다. 일반인들은 점, 주막, 객주 등에 묵었는데, 우리가 흔히 아는 주막은 원이 쇠퇴하면서 번창한 형태입니다. 주막에서는 술이나 밥을 사 먹는 손님에게 별도의 숙박료를 받지 않고 잠자리를 제공했다고 합니다.

한 걸음 더 내딛기

문경새재오픈세트장

문경새재 제1관문 뒤에 자리한 문경새재오픈세트장은 한국방송공사(KBS)가 고려 시대를 배경으로 한 사극 드라마를 찍기 위해 2000년 2월에 설치한 국내 최대 규모의 사극 촬영장입니다. 당시 이곳의 조령산과 주흘산 산세가 고려의 수도였던 개성의 송악산과 비슷하고 옛길도 잘 보존되어 있었기 때문에 고려의 모습을 표현하기 적합한 장소라고 판단했습니다. 초기 제작비 32억 원을 투입하여 고려의 왕궁, 기와집, 초가 등을 건립하였고, 2008년 4월에 추가 공사를 통해 조선 시대의 모습으로 새롭게 단장했습니다.

드라마 <태조왕건>, <대조영>, <근초고왕>, <해를 품은 달>을 비롯하여 영화 <관상>, <광해>, <전우치> 등 다수의 작품이 이곳에서 촬영됐습니다. 7만㎡ 부지에 달하는 세트장에는 현재 광화문, 경복궁, 동궁 등 건물 130동이 들어서 있으며 양반촌, 저잣거리의 모습이 재현되어 있습니다.

도립공원 입구에서는 문경새재오픈세트장까지 전기 자동차를 편도로 운영하고 있습니다. 도보 15분 정도 소요되는 약 1㎞를 어른 2,000원, 청소년 800원, 어린이 500원에 이용해 볼 수 있으니 경험 삼아 즐겨 봐도 좋을 것 같습니다.

문경생태미로공원

문경새재도립공원에 위치한 문경생태미로공원은 새재 일원의 식물 자원을 테마별로 조성한 곳입니다.

전망대와 산책로, 연못 등으로 꾸며진 이곳에는 생태, 돌, 도자기, 연인을 주제로 한 미로가 있어서 보물찾기와 같이 간단한 활동을 진행하기에 딱이랍니다. 일정을 넉넉하게 두고 보다 다양한 체험을 즐겨 보시길 바랍니다.

맞춤형 활동 자료

| 우리나라의 옛길 | 문경새재 둘러보기 | 옛 지도로 떠나는 동네 여행 | 사극으로 역사 읽기 | 도전! 우리 반 장원 급제 |

→ 활동집 4~5p

미리 보기

길의 중요성을 느낀 정부는 수도 한양을 중심으로 전국을 연결하는 도로망을 개설하고 교통·통신 시스템을 마련했습니다. 옛 사람들이 어떤 길을 통해 어디로, 어떻게 이동했는지 알아봅니다.

우리나라 대표 옛길

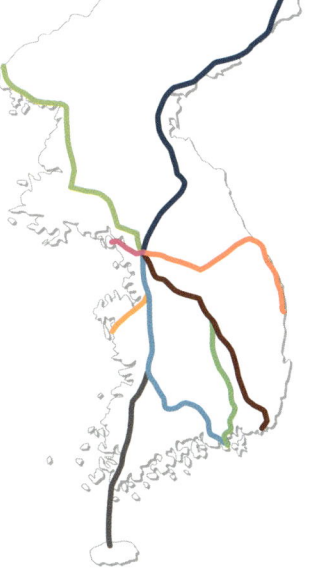

제1로 한양 ↔ 의주
조선과 중국의 사신이 주로 왕래했던 길입니다. 이동 중 숙식 공간이 많았고, 도로가 잘 정비된 편이었습니다.

제2로 한양 ↔ 경흥
한양의 동대문을 나와 수유리 고개를 넘어 함경북도 서수라까지 연결하는 도로입니다.

제9로 한양 ↔ 강화
거리가 짧고 많은 군현을 거치지 않아 이동량이 많지는 않았습니다.

제3로 한양 ↔ 평해
백두대간을 가로질러 동해안으로 연결됩니다. 원주, 대관령, 강릉, 삼척, 울진을 잇는 코스로 길 주변에 큰 시장이 조성되기도 했습니다.

제8로 한양 ↔ 보령
충청의 수영을 잇는 도로로 해양 진출의 중요한 관문이었습니다.

제4로 한양 ↔ 동래
방어가 쉬운 내륙에 위치하여 군사적으로 중요했던 길입니다.

제7로 한양 ↔ 제주
제주 사람들이 육지로 가는 길이었으며 유배길로도 유명했습니다.

제6로 한양 ↔ 통영
남원, 진주, 사천을 거쳐 통영까지 연결됩니다.

제5로 한양 ↔ 통영
제4로를 따르다가 오늘날 문경 주변에서 통영으로 이어집니다.

푸른 대숲에 물들다

이번에 떠나 볼 도시는 느림의 미학을 간직한 슬로 시티, '담양'입니다.
이 지역은 대나무가 자라는 데에 최적의 기후, 지형, 토질 등을 갖추고 있어
예로부터 대숲이 울창한데요.

대숲은 자연재해로부터 마을을 지켜 주는 한편,
여름에는 시원한 휴식처가 되고, 겨울에는 추운 바람을 막는 역할을 합니다.
사시사철 강인한 생명력을 간직한 대나무는 농기구, 생활용품,
먹거리에 이르기까지 여러모로 쓰임새도 많은데요.
특히 지역 장인들의 기술력이 담긴 대나무 제품은
이곳의 대표 특산물로 손꼽힙니다.

담양이 대나무의 고장으로 알려지면서 여유와 건강을 찾아
이곳 대숲에서 죽림욕을 즐기는 사람들도 많아졌습니다.

이번 시간에는 걷는 것만으로도 몸과 마음이 청량해지는 담양에서
짙은 초록의 여행을 즐겨 봅니다.

주요 키워드 🔍

#대나무　#식물　#생태환경
#농업유산　#산림　#여름

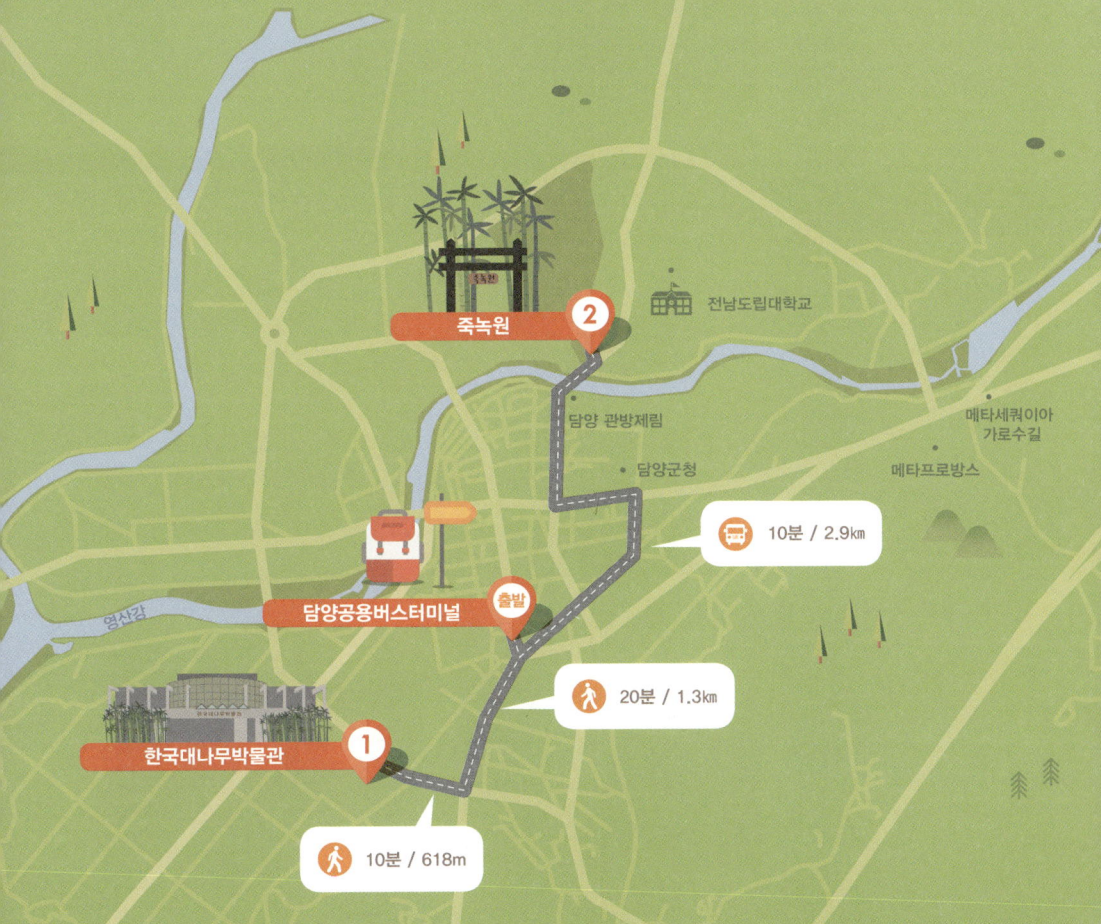

한국대나무 박물관

information
- 주소: 전라남도 담양군 담양읍 죽향문화로 35
- 이용시간: 09:00~18:00 연중무휴
- 입장료: 성인 2,000원 / 청소년 1,000원 / 어린이 700원
- 문의: 061-380-2902

1 한국대나무박물관 입구
2 제1전시실
3 죽제품 제작 과정을 재현한 밀랍 인형

한국대나무박물관은 우리나라 대나무 주산지인 담양의 대나무 제품을 널리 알리고, 관련 문화와 전통을 계승하기 위해 설립된 전시관입니다. 여러 개의 전시실로 구성된 이곳은 오랜 시간에 걸쳐 수집한 담양의 대나무 공예품을 비롯해 3천여 점의 자료를 보존·전시하고 있습니다.

제1전시실은 대나무의 성장 과정과 특성, 효능, 분포 현황을 이해하는 공간으로 꾸며져 있습니다. 죽제품의 역사와 전통을 아우르는 제2전시실에는 부채, 망건통 등 조선 시대부터 사용된 여러 죽제품들과 죽제품 제작 모습을 본뜬 밀랍 인형이 있고, 죽공예 관련 무형 문화재의 작업 과정도 영상으로 시청할 수 있습니다.

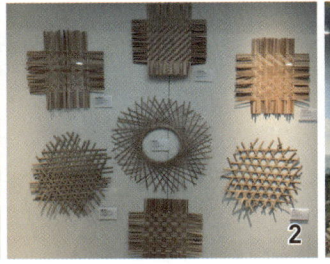

제3~4전시실에서는 전국대나무공예대전 입상작들과 함께 과거부터 현대까지 실생활에 두루 사용되고 있는 죽제품들을 전시합니다. 이곳에는 여름용품, 돗자리, 병풍, 가방 등 우리에게 익숙한 대나무 제품들도 많습니다.

그 밖에도 대나무 신산업 제품을 볼 수 있는 대나무산업관을 비롯해 중국, 일본, 베트남 등 세계의 대나무 생활용품을 한자리에 모아 놓은 국제관이 있습니다.

1 제4전시실
2 죽공예 제작을 위한 다양한 엮기 방법
3 1960~80년대 죽물 시장
4 대숲산책길 입구
5 대나무가 우거진 산책길

박물관 부지에는 죽세공 기술을 전수하는 대나무공예전수관과 대나무의 여러 가치를 연구하는 대나무종보존센터, 대나무자원연구소가 있습니다. 야외 대숲산책길과 이어진 죽종장에서는 전 세계에 자생하는 대나무 140여 품종도 만날 수 있습니다.

죽녹원

information

주소	전라남도 담양군 담양읍 죽녹원로 119
이용시간	하절기(3~10월) 09:00~19:00 동절기(11~2월) 09:00~18:00 연중무휴
입장료	성인 3,000원 청소년 1,500원 어린이 1,000원
문의	061-380-2680, 2690

1 죽녹원 입구
2 대숲길

죽녹원은 성인산 일대에 드넓게 조성된 대나무 테마 공원으로 2003년 5월에 문을 열었습니다. 이곳은 다양한 생태 관광 시설 외에도 담양의 정자 문화를 엿볼 수 있는 시가문화촌과 한옥 체험이 가능한 숙박 시설이 맞닿아 있어 일상 속 휴식을 찾는 사람들에게 인기가 좋습니다. 산소 발생량이 높은 대숲의 온도는 외부보다 4~7℃가량 낮아 여름철 피서지로도 손색이 없습니다.

정문 돌계단을 오르자마자 펼쳐지는 울창한 대숲은 운수대통길, 죽마고우길, 철학자의 길, 사색의 길, 선비의 길 등 총 여덟 가지 주제의 길로 연결되어 있습니다. 정돈된 산책로로 들어가면 생태전시관, 한옥쉼터, 죽림폭포도 만날 수 있습니다.

 **재우쌤의 Tip!**

종종 추억을 남기겠다고 여행지에 낙서하는 사람들이 있는데, 이는 법으로 엄격하게 금지된 행위입니다. 죽녹원에서도 누군가의 낙서로 상처 입은 대나무들을 어렵지 않게 찾을 수 있는데요. 서로가 눈살 찌푸리는 일이 없으려면 추억은 반드시 눈으로만 담을 수 있도록 아이들에게 지도해 주세요.

그중에서도 죽녹원 초입의 전망대는 담양천과 관방제림, 메타세쿼이아 가로수길의 멋진 경관을 감상할 수 있는 명소입니다. 느린 걸음으로 쭉 뻗은 대숲을 거닐면 댓잎이 부딪히는 소리와 대나무 사이로 불어오는 바람에 마음이 편안해집니다.

각 길목에는 해당 대나무 품종의 이해를 돕는 표지판이 세워져 있고, 곳곳에서 설화 〈임금님 귀는 당나귀 귀〉, 판다 등 대나무와 관련된 요소의 조형물을 만나는 즐거움도 있습니다. 해가 진 후에도 관람이 가능하도록 대숲에 조명이 설치되어 있어 밤에는 또 다른 운치를 느끼며 산책할 수 있습니다.

1 죽림폭포
2 〈임금님 귀는 당나귀 귀〉 조형물
3 울창한 대숲
4 왕대

재우쌤의 Tip!

농림축산식품부는 오랜 세월에 걸쳐 형성된 유·무형의 농업 자원 중 보전할 가치가 있다고 생각하는 것을 '국가중요농업유산'으로 선정해 관리하고 있습니다. 담양읍 삼다리의 '대나무 밭'도 그중 하나인데요. 대나무가 품은 산업적, 환경적 가치를 더 살펴보고, 신산업 소재로서 대나무에 대해 고민해 봐도 유익한 활동이 될 것입니다.

상식 ➕ 더하기
대나무에도 꽃이 필까?

대나무는 씨앗이 아닌 뿌리로 번식을 하기 때문에 생식 기관인 꽃이 퇴화되어 좀처럼 꽃이 피지 않습니다. 하지만 정말 드물게 꽃이 피기도 합니다. 대나무 한 그루에 꽃이 피면 대숲을 구성하는 대나무가 일제히 꽃을 틔우는데, 이는 개별적으로 보이는 대나무들이 땅속에서는 같은 줄기로 연결되어 있기 때문입니다. 대나무의 개화 원인에 대해서는 아직까지 명확하게 밝혀진 바가 없습니다.

한 걸음 더 내딛기

담양 관방제림

전라남도 담양군 담양읍 객사7길 37

관방제림은 인근 강의 범람에 대비해 만든 제방 '관방제'를 보호할 용도로 조선 시대에 조성한 인공 숲입니다. 이곳은 인조 때 부사 성이성이 수해를 막기 위해 제방을 쌓고 나무를 심었으며, 철종 때 부사 황종림이 다시 구역을 확대하여 숲을 만든 것이라고 전해집니다. 300년도 더 넘은 거대한 고목들이 숲을 이루는 이 구간에서는 푸조나무, 느티나무, 팽나무, 벚나무 등 400여 그루의 여러 낙엽성 활엽수를 만날 수 있습니다.

관방제림은 자연재해에 대한 선조들의 지혜를 보여 주는 유산이라는 점에서 그 가치를 인정받아 1991년, 천연기념물로 지정됐습니다. 강변을 따라 계절마다 색다른 숲의 풍경을 감상할 수 있어 산책 코스로도 유명합니다.

메타세쿼이아 가로수길

전라남도 담양군 담양읍 학동리 633

1970년대 전까지 24번 국도로 이용됐으나 인근에 새로운 국도가 들어서면서 이곳을 산책로로 재조성하고 묘목을 심어 가꿨습니다. 최대 20m의 울창한 메타세쿼이아가 나란히 식재되어 있는 길의 총 길이는 약 8.5km에 이릅니다. 짙은 녹음을 따라 여유롭게 걷기 좋으며, 길의 폭이 넓고 평평해 자전거 타기에도 안성맞춤입니다. 이국적인 풍경 덕분에 <와니와 준하>, <화려한 휴가> 등 영화 촬영지로도 각광 받고 있습니다.

맞춤형 활동 자료

| **아낌없이 주는 대나무** | 대나무의 특성과 종류 | 우리나라 설화 속 대나무 엿보기 | 대나무로 만든 친환경 용품 | 우리는 농업 유산 지킴이 |

활동집 6~7p

 미리 보기

대나무는 잎과 줄기는 물론 뿌리까지 모두 활용할 수 있어 소위 '아낌없이 주는 나무'로 불립니다. 사람들은 아주 오래전부터 대나무에서 먹거리를 얻고 생활용품을 만들어 썼습니다. 지조와 절개, 강인한 생명력의 상징인 대나무는 여러 분야에 영감을 주며 예술의 한 소재로 표현되기도 하는데요. 대나무의 다양한 활용에 대해 살펴봅니다.

풍부한 먹거리

대나무는 맛이 쓰고 찬 성질을 지니고 있어 열을 낮추고 심신을 안정시키는 효과가 있습니다. 대나무에서 나오는 대표 먹거리 죽순은 식이 섬유가 풍부하고 열량이 낮아 아삭한 식감과 특유의 향을 살린 각종 무침의 재료로 활용됩니다. 댓잎은 차로 만들어 마시며, 수액은 채취하여 음료수로도 먹습니다. 속이 빈 줄기는 대통밥을 지을 때 쓰이며, 댓잎은 떡 찔 때 넣으면 풍미를 더합니다.

다양한 생활용품

대나무는 생장이 빨라 생산성이 좋고, 단단하면서도 유연한 성질을 갖고 있어 갖가지 생활용품의 재료로 사용됩니다. 과거에는 대나무의 줄기로 전쟁 때 필요한 창, 활, 화살 등을 만들었으며, 지금의 철근 대신 대나무로 건축물의 뼈대를 세우기도 했습니다. 또 종이가 발명되기 전까지 대나무를 얇게 깎아서 만든 죽간에 글자를 새기고 이를 엮은 죽간서를 책 대신 사용했습니다.

천연 방재 시설

대나무는 한번 자라면 뿌리가 땅에 단단하게 고정되기 때문에 웬만한 충격에 잘 뽑히지 않습니다. 대숲은 홍수나 산사태에도 토양 침식을 감소시켜 산이나 언덕이 쓸려 나가는 것을 막아 주는 방재 효과가 있습니다. 울산의 태화강 대숲과 진주 남강의 대숲은 대나무를 이용한 대표적인 방재림입니다. 빽빽한 대숲은 센 바람을 막는 데에도 효과적이기 때문에 방풍림 조성에도 이용됩니다.

올레길에서 만나는 해녀 이야기

화산 활동으로 형성된 제주는 한라산을 중심으로 드넓은 초원 지대가
펼쳐지고, 군데군데 오름이 솟은 모양의 독특한 지형을 자랑합니다.
예로부터 제주 도민들은 사면이 바다로 둘러싸인 환경의
풍요로운 해양 자원을 활용하여 생계를 꾸려 왔습니다.

그러한 생활 속에서 생업의 한 수단으로 생겨난 해녀는
별도의 산소 장치 없이 깊은 바닷속에서 물질하는 여성을 일컫는데요.
제주 해녀는 제주 도민의 강인한 생명력을 상징하는 동시에
고유의 역사와 문화를 잘 보여 줍니다.
제주 해녀 문화는 오랜 세월 지역 공동체에서
독자적으로 전승되어 온 가치를 인정받아 2016년,
유네스코 인류 무형 문화유산으로 선정되기도 했습니다.

제주 올레길의 마지막 코스를 따라 천천히 거닐며
제주의 위대한 문화 '해녀'와 도민들의 삶을 만나 봅니다.

주요 키워드

#해녀 #물질 #화산섬
#어촌 #올레길 #오름

해녀박물관

information

주소	제주특별자치도 제주시 구좌읍 해녀박물관길 26
이용시간	09:00~18:00 매주 월요일, 1월 1일, 명절 당일 휴관
입장료	어른 1,100원 청소년 500원 어린이 무료
문의	064-782-9898

1 해녀박물관 입구
2 제주의 세시 풍속
3 1960~70년대 제주의 초가집

해녀가 많기로 유명한 구좌읍 하도리에는 해녀박물관이 있습니다. 이곳은 제주 올레길 21코스의 시작점이기도 합니다. 제주 해녀 항일 운동의 발상지에 자리한 이 박물관은 사라져 가는 제주 해녀 문화를 보존하고 후대에 공동체 정신을 물려주기 위해 2006년에 문을 열었습니다.

제1전시실은 전통적인 해녀의 생활을 주제로 꾸며져 있습니다. 이곳에는 1960~70년대 해녀들이 살았던 초가집이 재현되어 있으며, 집 내부에는 제주에서 태어나 한평생 물질을 했던 故 이남숙 해녀가 실제로 사용했던 집기들이 전시되어 있습니다. 또 바다를 중심으로 발달한 어촌 마을과 제주만의 독특한 세시 풍속을 엿볼 수 있습니다.

물질은 드넓은 바다에서 목숨을 걸고 해야 하는 일인 만큼 해녀들은 입수 전 안녕과 풍요를 기원하는 의례를 중요시했습니다. 제1전시실에는 마을 수호신에게 바쳤던 굿과 각종 의식에 대해서도 살펴볼 수 있습니다.

제2전시실은 해녀들의 일터와 공동체 문화를 다룬 공간입니다. 1970년대 이전까지 해녀들은 물소중기, 물적삼, 물수건 등을 작업복으로 착용했는데, 고무로 된 잠수복이 등장하면서부터는 장시간 작업이 가능해지면서 일의 능률도 올랐다고 합니다. 이곳에서는 재래식과 현대식 해녀 복장을 모두 만날 수 있습니다. 또 물안경, 테왁망사리, 까꾸리 등 해녀의 물질에 빠질 수 없는 채취 도구도 전시되어 있습니다.

1 과거 해녀의 모습
2 현대식 물옷
3 해녀 작업장

제3전시실에는 척박한 환경 속에서도 조국의 독립을 위해 싸우고, 사회 공익에 헌신했던 해녀의 삶이 녹아 있습니다. 전시 방향을 따라 해녀들의 회고록 영상을 시청하면서 물질하는 삶의 애환과 해녀라는 직업의 자부심을 느껴 보면 좋습니다.

어린이해녀체험관에서는 아이들의 눈높이에 맞춘 쉬운 설명을 통해 해녀를 이해할 수 있으며, 물허벅 지기, 해산물 알아 맞히기 등 여러 체험도 가능합니다.

상식 ➕ 더하기
제주 해녀 항일 운동이란?

1932년 1월, 구좌읍과 성산읍, 우도면 일대의 해녀들이 일제의 식민지 수탈 정책과 민족적 차별에 항거하여 일으킨 국내 최대 규모의 어민 운동이자 여성 항일 운동입니다. 조합에서 수확물 경매 가격을 하향 책정하는 횡포가 발생하자 세화리 장날을 기해 시위를 전개했습니다. 230여 차례의 집회와 시위로 확산된 이 운동에는 1만 7천여 명이 참여했습니다.

 **재우쌤의 Tip!**

야외에는 제주 해녀 항일 운동을 기리는 기념탑이 세워져 있으니 둘러보세요. 박물관 탐방이 끝난 후에는 올레길을 따라 나타나는 해신당, 각시당, 불턱 등을 살펴보는 것을 추천합니다. 해녀들이 물질을 나가기 전 기도를 올리거나 휴식을 취했던 이 공간들을 통해 해녀의 삶을 한층 가깝게 느낄 수 있답니다.

종달바당

information
주소	제주특별자치도 제주시 구좌읍 종달리
이용시간	연중무휴
입장료	-
문의	064-728-7711

1 종달바당
2 제주 올레길 전체 코스
3 별방진

제주 올레길이라는 긴 여정의 종착점인 종달바당은 맨 끝 마을이라는 뜻을 담은 '종달(終達)'과 바다의 제주도 방언인 '바당'의 합성어입니다. 바다와 맞닿은 종달리는 완만한 구릉 지대로 이루어진 반농반어촌 마을인데, 종달바당은 그중 어업에 종사하는 마을 사람들이 주로 머무는 공간입니다. 이곳에서는 한적한 어촌 풍경과 함께 공동 양식을 하는 어민들, 공동 채취를 나가는 해녀들의 일상을 가까이에서 만나 볼 수 있습니다.

하도리에서 종달리로 향하는 길. 현무암을 정성스럽게 쌓아 올린 벽들이 눈에 띕니다. 먼저 보이는 것은 이름의 뜻처럼 특별한 방어진인 '별방진(別防鎭)'으로, 조선 중종 때 인근 우도로 침입하는 왜적을 막기 위해 둘레 950m에 달하는 이 진을 쳤다고 합니다.

조금 더 걷다 보면 모습을 드러내는 각시당은 매년 음력 2월 13일, 해녀들이 바람의 신에게 한해의 무탈과 안녕을 비는 장소입니다.

종달리 마을에 들어서면 고즈넉한 풍경이 우리를 반깁니다. 올레길을 걷는 사람들이 많아지면서 이곳에도 여행객들을 기다리는 카페, 서점, 소품샵, 게스트 하우스들이 하나둘 생기기 시작했습니다. 각기 다른 개성을 뽐내는 가게들이지만 한 가지 공통점은 혼자서 여행을 즐기는 이들을 위해 조용한 공간 하나씩은 마련해 두었다는 것입니다.

요즈음은 거의 사라지고 없는 제주식 대문도 반갑게 느껴집니다. 세 개의 기둥인 '정낭'이 어떤 모양을 하고 있는지에 따라 집주인이 손님에게 말하고자 하는 바가 다르기 때문에 뜻을 해석하는 재미가 있습니다.

1 종달리 마을의 카페
2 제주식 전통 대문
3 지미봉으로 올라가는 길
4 지미봉에서 바라본 경관
5 올레길 표식 리본

마을을 기준으로 북동쪽에는 지미봉이 위치하고, 그 주변으로 5개의 오름이 솟아 있습니다. 제주 동쪽 풍광을 눈에 담고 싶다면 이 지미봉에 오르는 것을 추천합니다. 결코 완만하지 않은 경사이지만 숨이 벅차 오르기 시작할 때쯤 서서히 수평선 너머의 먼 바다가 눈에 들어옵니다. 그렇게 정상에 다다르면 어디 한 곳 가리는 부분 없이 종달리 마을의 모습을 마주할 수 있습니다. 지미봉에서는 발 아래 종달포구는 물론이고, 먼발치의 성산 일출봉, 식산봉, 두산봉, 우도까지 조망이 가능합니다.

제주 _ 올레길에서 만나는 해녀 이야기 • 33

한 걸음 더 내딛기

제주 올레길 여행

전체 코스

제주 방언으로 좁은 골목을 뜻하는 '올레'는 보통 큰길에서 집 앞까지 이어지는 좁은 길을 말합니다. 2007년 9월, 제주시흥초등학교에서 광치기 해변을 잇는 1코스가 개발된 이래 해안, 산, 들, 오름 등을 연결한 27개의 코스(총 437km)가 운영 중입니다. 올레길은 제주의 대표 명소를 비롯하여 크고 작은 섬까지 돌 수 있어 많은 여행객들에게 인기를 얻고 있습니다. 길마다 화살표, 리본 등 안내 표지도 잘 갖춰져 있어 초행자도 쉽게 길을 찾아갈 수 있습니다. 코스는 현지 사정에 따라 변경될 수 있습니다.

여행에 필요한 준비물

① **올래 패스 앱** : GPS로 올레길 위 위치 확인 가능하며, 올레길을 여행하는 사람들과도 소통할 수 있습니다.

② **올레 패스포트** : 코스를 완주할 때마다 스탬프를 통해 추억을 남길 수 있습니다.

③ **현금과 교통카드** : 카드 사용이 불가능한 곳이 있기 때문에 현금을 꼭 소지하고, 대중교통을 이용할 경우도 있을 수 있으므로 교통카드를 챙깁니다.

④ **여벌옷** : 체온 유지를 위해 긴팔, 긴바지를 챙기고, 제주의 갑작스러운 날씨 변화에 대비하여 가벼운 방수 점퍼 또는 우비를 준비합니다.

⑤ **트래킹화와 샌들** : 바닥이 미끄럽지 않고 걷기 편한 신발을 착용하고, 여름철 바닷가 근처를 걷게 될 때는 샌들을 추가로 챙기는 것도 좋습니다.

⑥ **쓰레기봉투** : 여행 중 자신이 만든 쓰레기는 모두 수거해 갑니다.

| 해녀의 역사와 문화 | 제주도 역사 둘러보기 | 문화유산 해녀 지킴이 | 제주도에서 만나는 특별한 문화 | 제주 올레길 걷기 |

활동집 8~9p

 미리 보기

잠녀(潛女)라고도 불리는 해녀는 전 세계에서 우리나라와 일본에만 존재합니다. 특히 제주 해녀는 다른 지역과 달리 끈끈한 공동체 생활로 대를 이어 기술과 문화를 전승해 오고 있는데요. 제주 해녀의 뿌리 깊은 역사와 문화를 만나 봅니다.

제주 해녀의 기원과 역사

'물질'이라는 단어가 《삼국사기》에도 등장하는 것으로 보아 삼국 시대 이전부터 해녀 문화가 존재했다는 것을 짐작할 수 있습니다. 제주 해녀에 대한 문헌상 기록으로는 고려 숙종 때 탐라군의 구당사가 해녀들의 나체 조업에 대해 금지령을 내렸다는 것과 조선 인조 때 제주목사가 남녀가 함께 바다 조업에 나서는 것을 금지했다는 내용이 있습니다. 1629년, 《제주풍토기》에는 제주 해녀들이 탐관오리에게 해산물을 수탈당해 비참한 생활을 했다는 사실도 상세하게 묘사되어 있습니다. 그 밖에도 《조선왕조실록》, 이익태의 《지영록》, 위백규의 《존재전서》 등에 제주 해녀가 언급되어 있습니다.

제주의 소녀들은 어릴 때부터 수영을 배우고, 12~13세가 되면 어머니에게 두렁박 등을 받아 깊은 곳까지 헤엄쳐 가는 연습을 했습니다. 그리고 15~16세 때 바닷속 물질을 시작하여 쭉 해녀의 삶을 살았습니다. 18세부터 40세 전후까지가 해녀들이 가장 왕성하게 활동하는 시기였습니다. 오늘날과 다르게 1970년대 초반만 해도 2, 30대 해녀들을 흔히 볼 수 있었습니다.

해녀들의 공동체 문화

제주도에는 100여 개 이상의 마을 단위의 어촌계가 있는데, 각 어촌계는 어장의 경계, 해산물의 채취 자격, 해산물 종류에 따른 채취 방법과 채취 기간, 금채 기간 등 해녀의 물질 관행을 규약으로 엄격하게 정해 운영하고 있습니다. 해녀들은 작업 중 누군가 어려움에 처하게 됐을 때도 상황에 함께 대처할 수 있도록 공동 작업을 기본으로 합니다. 협동과 생존을 위해서는 바닷속에 해산물이 널려 있어도 1분 이상 잠수하지 않고 나오는 것이 그들만의 암묵적인 약속이라고 합니다.

세계 유산 도시를 탐방하다

안동은 학문과 풍류를 즐겼던 선비들의 정신이 깃든 곳입니다.
이곳은 가는 곳마다 우리의 전통문화와 문화재가 즐비하여
한국에서도 가장 한국적인 곳으로 불리는데요.

안동의 하회마을, 봉정사, 도산서원, 병산서원 등이
유네스코 세계 문화유산으로 지정되어 있으며
유학자들이 서책을 간행하기 위해 판각한 책판이자 세계 기록 유산인
유교책판도 안동에 보관되어 있습니다.

그중에서도 과거에서 시간이 멈춘 듯한 하회마을은
전통 생활 모습과 건축 양식을 잘 간직한 관광 명소인데요.
이곳은 1999년, 영국의 故 엘리자베스 2세 여왕의 방문으로
세계적인 관심을 받기도 했습니다.

세계 유산의 도시, 안동에서 전통의 멋과 해학이 가득한
옛 문화를 느껴 봅니다.

주요 키워드

#하회마을 #탈 #전통문화
#유교 #별신굿 #낙동강

안동 하회마을

information

주소 경상북도 안동시 풍천면 전서로 186

이용시간 하절기(4~9월) 09:00~17:30
동절기(10~3월) 09:00~16:30
연중무휴

입장료 어른 5,000원
청소년 2,500원
어린이 1,500원

문의 054-852-3588

1 안동하회마을 전경
2 충효당 사랑채 대청
3 만송정 숲
4 안동하회마을의 초가집

1

안동하회마을은 조선 시대의 주거 형태와 생활상을 오랜 시간 동안 잘 보존해 온 가치를 인정받아 2010년, 유네스코 세계 문화유산에 이름을 올렸습니다.

초가집과 기와집이 조화를 이루는 이곳은 우리나라의 대표적인 동성 마을로 풍산 류씨가 600여 년에 걸쳐 대대로 터를 이루어 살았던 곳입니다. '하회(河回)'라는 이름은 낙동강이 마을을 감싸 흐르고 있는 형태에서 유래했으며, 조선 시대 문신이었던 겸암 류운룡과 임진왜란 때 영의정을 지낸 서애 류성룡 형제가 태어난 곳으로도 잘 알려져 있습니다.

이곳에서는 조선 전기 이후의 건축물을 통해 우리나라의 전통 생활 모습을 살펴볼 수 있으며, 현재 이 마을 12개의 가옥이 보물 또는 민속 자료로 지정되어 있습니다. 120여 개의 가옥에는 실제 주민들이 거주하고 있습니다. 풍수적 결함을 보완하기 위해 1만 그루의 소나무로 조성한 '만송정 숲'도 하회마을의 볼거리입니다.

2

3

4

마을에서 큰 규모인 '충효당'은 서애 류성룡의 집이었습니다. 조선 중엽의 전형적인 사대부 가옥인 이곳은 행랑채, 사랑채, 안채로 구성되어 있는데, 사랑채와 안채는 그의 후손이 확장 수리한 것입니다. 사랑채 대청에 걸린 현판은 조선 숙종 때 이름난 명필가였던 허목이 쓴 것으로도 유명합니다. 내부 영모각에는 류성룡의 유품과 저서가 전시되어 있습니다.

충효당과 함께 하회마을에서 꼭 들러야 하는 '양진당'은 겸암 류운룡의 집으로 풍산 류씨의 대종가인 곳입니다. 입암고택이라고도 부르며, 조선의 건축 양식으로 지어진 안채와는 달리 사랑채가 고려의 가옥 양식을 띠고 있어 다른 두 시대의 건축 양상이 공존하는 것이 특징입니다.

1 부용대에서 바라본 안동하회마을
2 부용대
3 하동고택

류성룡의 9대손 류교목이 지었다고 하는 '하동고택'도 양진당만큼이나 특이한 모습을 하고 있습니다. 대문채는 초가집이지만 사랑채와 안채가 기와집으로 되어 있기 때문입니다. 이 독특한 구조에는 '융성하면 쇠락하는 것도 있기에 욕심을 부려 전부를 채우지 말고 부족함 속에서 노력하는 사람이 되어라.'라고 하는 집안의 깊은 뜻이 숨어 있다고 합니다.

낙동강이 품은 안동하회마을의 전경을 제대로 조망하려면 강 건너에 있는 부용대에 오르는 것이 좋습니다. 과거 북쪽에 있는 언덕이라고 해서 북애라고 불리기도 했던 부용대는 해발 64m의 절벽인데, 산을 등지고 자리한 하회마을을 내려다볼 수 있는 명소로 꼽힙니다.

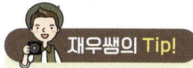 재우쌤의 Tip!

하회마을 탈춤 공연장에서는 매주 수, 금, 토, 일요일 오후 2시부터 하회 별신굿 탈놀이가 펼쳐집니다. 1~2월에는 주말에만 진행되니 참고해 주세요.

하회세계탈 박물관

information

주소 경상북도 안동시 풍천면 전서로 206
이용시간 09:30~18:00
1월 1일, 명절 당일 휴관
입장료 -
문의 054-853-2288

1 하회세계탈박물관 입구
2 양반탈과 백정탈
3 하회탈춤 공연 모습

안동하회마을의 중심부에서 그리 멀지 않은 곳에 위치한 하회세계탈박물관은 하회 별신굿 탈놀이에 사용되는 탈을 비롯해 국내외의 여러 가지 탈을 소개하는 공간입니다. 1995년에 개관한 이곳은 한국관, 아시아관, 세계관, 특별 전시관으로 구분되어 있습니다. 이곳에서는 우리나라 탈은 물론이고 35개국, 약 800여 점의 특색 있는 탈들을 관람할 수 있습니다.

'한국관'에서는 신분에 따른 사람들의 모습을 담은 탈과 내륙 지역의 별신굿 탈, 서울 지역의 산대놀이 탈, 경남 지역의 야류·오광대 탈 등 지역별 탈을 쓴 밀랍 인형이 함께 전시되어 있습니다. 또 박과 나무, 한지를 이용하여 전통 탈을 만드는 과정도 살펴볼 수 있습니다. 중요 무형 문화재로 등록된 탈 13종과 지방 무형 문화재로 지정된 2종도 이곳에 있습니다.

아시아의 탈은 신화나 전설, 종교, 무속 의식을 바탕으로 제작된 것들이 많습니다. 제2~3전시실에 있는 '아시아관'에는 이러한 특색이 담긴 중국, 인도네시아, 태국 등 아시아의 탈들을 만날 수 있는데, 대표적으로 중국의 옛 나희 가면, 삼국지연 탈, 서유기 탈이 있습니다.

일본의 가면악극 노오에 사용되는 노오멘도 눈여겨볼 만합니다. 노오멘은 일본인의 얼굴을 묘사하는데, 확실한 표정을 가진 탈이 있는가 하면 무슨 표정인지 분간하기 어려운 탈도 있습니다. 무표정의 탈일지라도 연희자가 어떻게 감정 연기를 하느냐에 따라 극의 느낌이 달라지는 것이 특징입니다.

이어지는 제4전시실은 아시아를 제외한 세계 각지의 탈을 모아 놓은 '세계관'입니다. '세계관'에서는 아프리카의 주술용 탈, 카니발의 축제용 가면 등을 구경할 수 있습니다. 이곳에서 세계 오지 부족들이 실생활에서 탈을 어떻게 사용하는지 이해해 보면 좋습니다.

이곳에서는 탈 그림 탁본 체험, 나만의 탈 만들기 등 여러 가지 탈 문화를 배워 보는 체험도 가능하며, 출구 기념품 숍에서는 우리나라의 전통문화와 관련한 소품도 구매할 수 있습니다. 박물관 야외 놀이마당은 매년 9월 말 개최되는 안동 국제 탈춤 페스티벌 등 탈놀이 공연장으로 활용됩니다.

1 태국의 탈
2 삼국지연의 탈
3 아시아관
4 인도네시아 바롱댄스에 쓰는 탈
5 체험 교실
6 필리핀과 몰디브의 탈

상식 ➕ 더하기
하회탈이란?

안동하회마을에서 만들어져 전해 내려오는 목조탈로 전통 역할극인 별신굿 탈놀이에서 많이 사용됩니다. 극중 역할에 따라 14가지 종류가 있으며, 이 중 선비, 양반, 백정탈은 말할 때 턱도 움직일 수 있도록 아랫부분이 분리된 구조입니다.

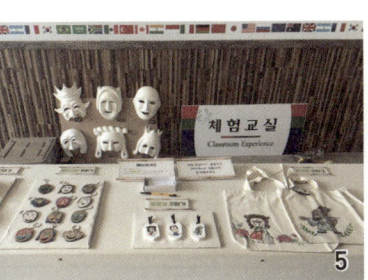

한걸음 더 내딛기

병산서원

경상북도 안동시 풍천면 병산길 386

병산서원은 고려 말부터 이어져 내려온 풍산 류씨 가문의 서당입니다. 1572년, 서애 류성룡이 후학 양성을 위해 풍산현에 있던 사학을 이곳으로 옮겨 왔고, 철종 때 '병산'이라는 이름을 받아 사액 서원으로 승격됐습니다. 많은 학자들을 배출한 이곳은 1868년 흥선 대원군이 서원 철폐령을 내렸을 때도 사라지지 않고 남은 47개 서원 중 하나입니다. 일제 강점기에 보수가 진행되면서 1921년에 입교당(강당)이, 1937년에 사당이 각각 다시 지어졌습니다. 병산서원은 2019년, 전국 8개의 서원들과 함께 '한국의 서원'이라는 이름으로 유네스코 세계 문화유산에 등재됐습니다.

화천서원

경상북도 안동시 풍천면 광덕솔밭길 72

1786년에 유림들이 겸암 류운룡, 졸재 류원지의 학문과 덕행을 추모하기 위해 창건하고 위패를 모신 곳입니다. 서원 철폐령에 의해 강당과 주사만 남고 철거됐으나 서원의 복원을 바란 후손들이 1966년부터 공사에 필요한 기금을 모으면서 모습을 되찾을 수 있었습니다. 학문적으로 의미가 깊은 장소로 평가를 받아 경상북도 기념물로 지정되어 있습니다.

옥연정사

경상북도 안동시 풍천면 광덕솔밭길 86

옥연정사는 학문 연구를 목적으로 서애 류성룡이 승려 탄홍의 도움을 받아 설립한 곳입니다. 산기슭에 자리 잡고 있지만 터가 넓고 평탄한 편입니다. 행랑채, 바깥채, 안채, 별당채까지 두루 갖추고 있으며 사랑채와 별당채는 남향, 행랑채와 안채는 동향으로 지은 것이 특징입니다. 이곳은 임진왜란의 회고록이자 우리나라 국보인 《징비록》이 집필된 장소로도 유명합니다.

맞춤형 활동 자료

| 세계의 탈 문화 | 안동하회마을 둘러보기 | 안동하회마을 역사 인물 찾기 | 우리 반 탈춤 구상하기 | 나만의 탈 디자인하기 |

→ 활동집 10~11p

미리 보기

'탈(Mask)'은 세계적으로 보편된 문화로 가지각색의 형태와 기능을 가지고 있습니다. 또 한 집단의 신앙, 창조성, 삶의 가치 등을 상징적인 탈과 몸짓으로 표현하는 '탈춤'은 한 지역의 문화 정체성을 파악하는 도구가 되기도 하는데요. 탈이 지닌 여러 가지 기능과 국내외 다양한 탈 문화를 살펴봅니다.

탈의 주요 기능

제사 및 의식	풍년, 기우제, 종교 의식, 장례식, 성년식, 퇴마, 추도 등에서 씁니다.
사냥 및 전투	적에게 두려움을 주고 위장하는 수단이 됩니다.
예술	무용과 연극, 장식을 위해 사용합니다.

세계의 탈 문화

한국	중국	유럽
과거 궁중 제의 등에서 탈놀이를 하였으나 조선 후기에 접어들자 신앙적인 측면보다 양반 사회에 대한 풍자와 비판이 더욱 강조되면서 지금의 놀이 형태로 전해지고 있습니다. 안동하회마을에서 전승되는 '하회 별신굿 탈놀이'를 비롯한 13개 탈춤이 우리나라 중요 무형 문화재로 지정되어 있습니다.	중국은 삼국지와 서유기 등의 이야기 속 탈과 탈춤을 이용해 경극이라는 새로운 장르를 만들었습니다. 중국의 탈은 색을 통해 좋고 나쁨을 구분하며 깃발의 수를 통해 권력의 크기를 드러내는 것이 특징입니다. 중국의 전통 가면극인 '나희'는 역병과 잡귀를 몰아내는 의식이었지만, 세월이 흐르면서 연극으로 발전했습니다.	전통적으로 유럽에서는 가톨릭의 사순절을 앞두고 카니발 축제가 시작됩니다. 예로부터 이 기간에는 생활 속 규율과 질서에서 벗어날 수 있었는데, 이때 대규모의 행렬과 가면무도회, 풍자 연극 등이 생겨났습니다. 서로 대조적인 성격을 띠는 가면을 쓴 사람들이 짝을 이뤄 등장하는 것이 일반적입니다.

안동 _ 세계 유산 도시를 탐방하다

풍덩

여행이 즐거운 이유 중 하나는
낯선 공간에서 예상치 못한 발견과
새로운 생각들을 만날 수 있다는 것입니다.

겪어 보지 못했던 세상이 밀물처럼 밀려온다면
깨달음의 깊이도 다를 수밖에 없죠.

한번 떠나면 헤어날 수 없는
여행의 짙은 매력 속으로 풍덩 빠져 봅시다!

울산

푸른 꿈을 꾸는 고래 도시

우리나라 중화학 공업을 이끄는 도시 울산은
1970~80년대에 고래잡이로 전성기를 이루었던 곳이기도 합니다.

특히 매일같이 50여 척의 거대 포경선이 드나들었던 장생포는
고래잡이의 전진 기지로 통했습니다.
포경업은 1970년대 말까지 지역 경제를 견인할 만큼 활기를 띠었지만,
1986년에 국제포경위원회가 상업적 포경 금지령을 내리면서
서서히 쇠퇴의 길을 걸었습니다.

오늘날까지도 당시의 포경 문화를 잘 간직한 장생포는
2008년, '고래문화특구'로 지정됐는데요.
이곳에서는 긴 시간동안 인류와 동고동락해 온 고래의 역사를 엿보고,
관련 전시와 체험도 즐길 수 있습니다.

근대 포경 산업의 중심지였던 울산에서
드넓은 바다 위, 푸른 꿈을 꾸는 고래의 이야기를 만나 봅니다.

주요 키워드

#고래 #장생포 #반구대암각화
#포경업 #해양생태계

장생포고래
문화마을

information

주소	울산광역시 남구 장생포고래로 271-1
이용시간	09:00~18:00 매주 월요일, 명절 당일 휴무
입장료	2,000원(연령 구분 없음)
문의	052-226-0980

1 고래 해체 작업 모형
2 혹등고래 조형물
3 고래 고기를 팔았던 '고래막집'
4 '고래 만나는 길'의 조형물

장생포고래문화마을은 포경업이 활발했던 옛 장생포의 모습을 바탕으로 조성한 국내 유일의 고래 테마공원입니다. 이곳은 실제 크기의 고래를 형상화한 '고래 조각 공원', 야외 벽화 모형을 통해 고래 역사를 학습하는 '선사시대 고래 마당', 장생포 사람들과 고래 이야기를 포토존으로 풀어낸 '고래 이야기 길'과 '고래 만나는 길', 전성기 때의 장생포 어촌 마을을 재구성한 '장생포 옛 마을' 등으로 구분되어 있습니다.

그중에서도 1970~80년대 포경업이 성행했던 마을의 풍경을 고스란히 옮겨 놓은 장생포 옛 마을은 거니는 것만으로도 시간 여행을 떠나온 듯한 느낌을 주는 공간입니다. 마을 안에는 고래 해체장과 고래 기름 착유장을 비롯해 고래 연구에 힘을 쏟았던 앤드루스 박사의 하숙집, 선장과 포수의 집, 고래 고기를 삶아서 팔았던 고래막집 등이 있습니다.

거리에는 1949년에 장생포 지역에 유일하게 설립된 초등학교와 요즈음에는 잘 찾아 보기 힘든 구멍가게, 철공소, 연탄 가게 등도 자리하고 있습니다. 세트장처럼 지어진 건물에서는 실제 상품이나 음식도 판매하고 있어 구경하는 재미가 더욱 쏠쏠합니다.

시간이 흘러 사람은 없지만, 공간은 남아 있습니다. 당시의 모습을 보존하고 재현해 놓은 고래마을을 통해 그때의 삶을 이해하고 느껴 볼 수 있다는 것은 큰 의미입니다. 장생포고래문화마을에서 과거의 모습을 마주하며 아이들이 할머니, 할아버지의 젊은 시절을 떠올려 보면 좋겠습니다.

1 장생포고래문화마을 현판
2 동광서점 헌책방
3~4 장생포 옛 마을 전경
5 옛 영화 포스터가 붙은 담벼락

재우쌤의 Tip!

장생포고래문화마을 입장료에는 5D 입체영상관 이용 요금도 포함되어 있습니다. 5D 영상관은 장생포 옛 마을 뒤편의 오르막길을 오르면 나타나는데, 마을을 둘러본 뒤 마지막 코스로 방문하면 좋습니다. 평일에는 30분, 주말에는 20분 간격으로 고래와 관련한 영상을 시청하니 놓치지 말고 관람해 보세요.

장생포고래 박물관

information

주소	울산광역시 남구 장생포고래로 244
이용 시간	09:00~18:00 매주 월요일, 명절 당일 휴관
입장료	성인 2,000원 청소년 1,500원 어린이 1,000원
문의	052-256-6301~2

1 장생포고래박물관 전경
2 1층 기획 전시실
3 다양한 고래 모형

2005년에 개관한 장생포고래박물관은 고래와 관련된 1,800여 점의 유물과 다양한 사료를 전시하고 있습니다. 이곳은 1960~70년대 포경 도구와 당시 생활상, 고래 생태 자료를 수집하고 보전함으로써 관람객이 고래잡이의 역사, 해양 생태계에 대해 학습할 수 있도록 꾸며져 있습니다.

박물관의 관람 동선은 기획 전시실이 있는 1층과 고래 연구실이 있는 3층, 고래 탐험실인 2층 순으로 되어 있습니다. 높은 층고를 자랑하는 2층에는 고래의 골격과 모형, 고래 뱃속을 닮은 미끄럼틀 등이 있어 다른 전시실에서 고래를 이해한 후 마지막에 둘러보면 좋습니다.

1층 전시실에 들어서면 울산과 고래의 긴 인연을 보여 주는 반구대 암각화 설명 공간이 먼저 나옵니다. 전시를 따라가다 보면 선사 시대부터 고래가 뛰놀았던 울산 앞바다의 역사와 고래잡이 항구로 이름을 날렸던 장생포에 대해 더욱 깊이 이해할 수 있습니다. 또 고래와 인간의 관계, 의사소통, 고래의 특징도 살펴볼 수 있습니다.

상식 ➕ 더하기

반구대 암각화

울산의 젖줄인 태화강의 반구대 일대 암벽에 새겨진 그림을 일컫습니다. 1970년, 주민의 제보로 그 존재가 알려졌고, 이듬해 세상에 공개됐습니다. 현재 국보로 지정된 이 암각화에는 고래, 개, 늑대, 거북, 사슴 등의 동물 형상이 가득하며 고래잡이, 어로, 사냥 장면도 묘사되어 있습니다. 이는 신석기와 청동기 시대에 걸쳐 풍요를 기원하기 위해 만들어진 것으로 추정됩니다.

고래의 이모저모를 더 알고 싶다면 3층을 꼭 둘러봐야 합니다. 이곳에서는 흡사 공룡처럼 보이는 고래의 실제 골격이 두 눈을 사로잡습니다. 뒤를 돌면 금방이라도 살아 움직일 것 같은 고래 모형에 위압감을 느끼게 됩니다. 총 길이 16m에 달하는 이 고래는 귀신고래를 형상화한 것인데, 따개비나 굴 껍데기가 달라붙은 표피까지 세밀하게 표현되어 있습니다. 귀신고래라는 이름은 연안에서 머리만 살짝 내밀고 있다가 뱃사람들을 놀라게 하는 이 고래가 귀신과 같다고 해서 붙여진 이름입니다.

1 귀신고래 모형
2 고래의 실제 골격
3 제6진양호
4 장생포항

이렇게 3층에는 귀신고래에 대한 설명과 더불어 고래의 머리부터 꼬리까지 상세히 설명해 놓은 '고래 연구실'과 고래잡이 역사, 고래 해체장과 착유장, 고래의 산업적 가치를 다룬 코너 등이 있습니다. 이곳에는 고래 수염으로 만든 양산의 살이나 구두 주걱 등 고래를 활용한 다양한 물건도 전시되어 있어 호기심을 자극합니다.

야외에는 국내에서 유일하게 남아 있는 포경선 '제6진양호'가 있습니다. 선박 내에는 조타실, 기관실, 포경포를 비롯한 포경 장비들이 복원되어 있어 당시 포경선의 규모와 작업 모습을 느낄 수 있습니다.

재우쌤의 Tip!

고래문화특구를 더욱 잘 느끼고 싶다면 '내 손 안에 장생포' 앱을 다운로드 해 보세요. 위치 정보를 활성화 하면 장소별 스토리텔링 서비스를 받을 수 있습니다. 이 앱은 VR 360도 영상 시청도 가능하기 때문에 장생포의 콘텐츠를 더욱 실감나게 즐길 수 있답니다.

한걸음 더 내딛기

고래생태체험관

울산광역시 남구 장생포고래로 244

장생포고래박물관과 광장을 사이에 두고 마주하는 고래생태체험관은 우리나라 최초의 돌고래 수족관으로도 유명합니다. 2009년에 개관한 이곳에서는 고래를 비롯한 어류를 만날 수 있습니다. 크게 고래 수족관과 어류 수족관으로 나뉘어져 있으며, 돌고래 생태 연구를 위한 공간으로도 사용됩니다. 체험관 내에는 4마리의 큰돌고래가 살고 있는데, 이들은 고래 중에서는 세계 최초로 주민으로 등록되어 장생포 고래주민등록증까지 가지고 있습니다.

방문자들의 기념을 위해 체험관에서 발급하는 고래주민등록등본을 받아 보는 것도 재미입니다. 해저터널에서는 유영하는 돌고래들의 모습을 가까이에서 확인할 수 있으며, 하루에 3번씩 돌고래들과 사육사의 호흡을 살필 수 있는 생태설명회도 진행됩니다. 이밖에도 작은 아쿠아리움으로 꾸며진 어류 수족관에는 구피처럼 익숙한 관상어부터 특이한 모양을 한 플라워혼까지 갖가지 생물이 서식하고 있습니다.

고래바다여행선

고래바다여행선은 장생포항에서 출항하여 울산 앞바다를 돌며 인근 해역에 서식하는 고래를 만나는 배입니다. 고래를 찾아 울기등대와 간절곶을 둘러보는 고래 탐사 코스는 3시간 정도 소요됩니다. 탑승 예약은 온라인을 통해 가능하며, 동절기를 제외한 4~11월에만 운항합니다. 승선자는 신분증 또는 주민등록등본, 의료보험증을 꼭 지참해야 합니다. 요일에 따라 시간대를 다르게 운영하니 홈페이지를 확인하는 것이 좋습니다.

맞춤형 활동 자료

| **고래의 종류와 특징** | 고래잡이 문화 | 포경업, 난 찬성일까? 반대일까? | 다양한 매체 속 고래 만나기 | 신비한 고래의 비밀 파헤치기 |

→ 활동집 12~13p

 **미리 보기**

고래는 먹이를 먹는 방식에 따라 이빨고래와 수염고래로 구분됩니다. 돌고래, 범고래 등 이빨을 이용해 먹이를 먹는 이빨고래와 달리 대개 대형 종인 수염고래는 수염과 같은 뻣뻣한 조직을 이용해 바닷물에 밀려온 고기, 새우 등을 걸러 먹습니다. 이빨고래와 수염고래를 대표하는 고래들을 살펴봅니다.

이빨고래

- 돌고래
고래 중 인간과 가장 친숙한 종입니다. 지능이 높고, 여러 가지 주파수로 의사소통을 합니다. 무리 지어 이동하며 형태는 방추형 또는 유선형을 띠고 있습니다. 이빨은 열마다 20개 이상 채워져 있으며, 오징어와 물고기를 즐겨 먹습니다. 다양한 종이 있으며 연안에서 자주 발견되는 종은 큰돌고래입니다.

- 향유고래
최대 길이 20m로 이빨고래 중 가장 몸집이 크며 말향고래 또는 향고래라고도 불립니다. 회색빛 몸통에 옅은 얼룩점이 있으며 파도 모양의 돌기가 나 있습니다. 잠수력이 뛰어나 해저 3천m까지 내려가 먹이를 섭취합니다.

수염고래

- 귀신고래
우리나라 천연기념물로 지정된 이 고래는 현재 서북·동북 태평양에만 일부 서식합니다. 등은 흑회색, 배는 흰색이며 경계의 변화가 많습니다. 연안을 따라 1만 6천~2만km 이상의 먼바다를 이동하며, 먹이를 먹을 때는 몸을 뉘어 바닥을 휘저은 뒤 물과 침전물을 입안에 넣습니다. 새끼에 대한 보호 본능이 강해 가끔 공격성을 보입니다.

- 혹등고래
긴 가슴지느러미가 특징이며 운동성이 좋아 수면 위로 튀어오르는 모습이 자주 발견됩니다. 보통 혼자 또는 2~3마리씩 무리를 지어 다닙니다. 꼬리지느러미는 인간의 지문처럼 각각의 개체를 구별할 수 있어 여러 연구 대상으로도 이용됩니다.

서울

시인의 우물을 들여다보다

서울 서촌은 경복궁의 서쪽과 인왕산 동쪽에 자리한
청운 효자동과 사직동 일대의 마을입니다.

골목과 골목이 미로처럼 얽힌 이곳은
예로부터 많은 문화·예술인들이 머무른 곳으로 알려져 있는데
조선 시대 인물로는 겸재 정선과 추사 김정희가 있습니다.
일제 강점기에는 화가 이중섭과 시인 윤동주, 이상이 서촌의 주민이었습니다.

국권을 잃고 일제의 지배를 받았던 1930년대는
자유로운 창작 활동도 허락되지 않았던 문화 암흑기였지만
많은 문인들은 쉼 없이 글을 쓰며, 작품으로 시대의 불을 밝혔습니다.
특히 이곳 서촌에는 당대를 대표했던 작가들의 흔적들이 많이 남아 있는데요.

서촌을 거쳐 간 문인들의 발자취를 따라가 보며,
우물 속에 얼굴을 비추듯 맑은 글을 써 내려간 이들의 삶을 들여다봅니다.

주요 키워드

#서촌 #문인 #윤동주 #이상

#문학 #일제강점기

1 이상의 집

information

주소	서울특별시 종로구 자하문로7길 18
이용 시간	10:00~18:00 점심 시간 12:00~13:00 명절 당일 휴무
입장료	-
문의	02-752-7525

1 이상의 집 건물
2 창에 새겨진 이상의 생몰
3 서가에 놓인 이상의 작품집

서촌 초입에 위치한 이상의 집은 모더니즘을 대표하는 작가 이상이 살았던 집터의 일부를 활용한 문화 공간입니다. 이상은 3살 때부터 청년이 될 때까지 이 집에 살았다고 합니다. 한 차례 철거될 위기가 있었으나 2009년에 문화유산국민신탁이 시민들의 모금과 기업의 후원으로 마련한 자금으로 매입했고, 이후 작품을 향한 이상의 혼이 현대에도 전해지기를 바라는 마음을 담아 모두에게 열린 공간으로 재조성했습니다.

이상은 시, 소설, 수필 등 장르에 구애 받지 않고 많은 작품을 쓴 작가입니다. 독특한 문체와 소재로 전통적인 문학 양식을 탈피하고자 했던 그는 당시 문학계에서 난해하다는 평가를 받기도 했습니다. 그러나 소설 〈날개〉, 〈동해〉 등을 잇따라 발표하며 자신만의 길을 꿋꿋이 걸어 나갔습니다.

이상은 갑작스러운 건강 악화로 27세의 나이에 요절했지만 문학 천재로 불렸던 그의 흔적은 이상의 집 가득 빼곡히 남아 있습니다. 이곳 책장에는 소설 〈날개〉를 실었던 잡지와 시 〈오감도〉를 연재했던 신문 사본이 보관되어 있습니다.

그밖에도 이상의 초상화로 표지를 장식한 《문학사상》의 창간호와 1973년 발행된 이상의 시집 초판본도 살펴볼 수 있습니다. 반대편에는 나무로 짜여진 이상의 기록 보관소가 있어 그의 작품 세계를 더 깊이 이해할 수 있습니다.

1 이상의 집 내부
2 마당에 전시된 이상의 사진들
3 윤동주 하숙집 터 안내판

건물은 'ㄷ'자 형태로 되어 있고, 문을 열고 마당으로 나가면 이상의 흉상과 생전 사진들이 전시되어 있습니다. 건물 한 켠에는 고즈넉한 이곳 분위기와는 어울리지 않는 묵직한 철문이 있는데, 이 문을 열고 좁은 계단을 따라 올라가면 새로운 공간과 마주합니다. 바로 이상의 삶을 영상으로 시청할 수 있는 작은 극장입니다. 한줄기 빛만 들어올 정도로 어둡고 좁은 이 공간은 생전 이상이 좋아했던 느낌을 담은 것이라고 합니다.

이상의 집에서 나와 10분 남짓 걸어가면 태극기 현판이 붙은 집이 하나 나옵니다. 평범한 주택처럼 보이는 이곳은 민족 시인 윤동주가 1941년 당시 연희전문학교에 다니면서 살았던 하숙집의 터에 세워진 건물입니다.

윤동주가 생활했던 이 집은 평소 그가 존경했던 소설가 김송의 집이기도 했습니다. 현재는 표지판을 통해 그 흔적만 확인할 수 있습니다.

재우쌤의 Tip!

인근에는 1942년부터 60여년 간 수많은 예술가들의 쉼터가 되었던 '통의동 보안여관'이 있습니다. 서촌을 거쳐 간 문인들도 두루 머물렀기 때문에 근대 문학의 거점지로도 불리는 곳인데요. 현재는 '보안1942'라는 복합 문화 공간으로 운영되고 있습니다.

2 청운문학 도서관

information

주소 서울특별시 종로구
      자하문로 36길 40

이용
시간 10:00~19:00
      매주 월요일, 1월 1일,
      명절 당일 휴무

입장료 –

문의 070-4680-4032~3

1

2

1 청운문학도서관 전경
2 열람실
3 청운문학도서관 입구
4 창작실 옆 복도
5 정자에서 바라본 폭포

청운문학도서관은 도심 속에서 독서와 사색이 가능한 이색 한옥 도서관입니다. 외관은 조선 시대의 선비가 글공부를 하던 집처럼 옛스러운 정취로 가득합니다. 전통의 느낌을 더하는 지붕은 숭례문 복원에 사용된 것과 같은 방식으로 제작된 수제 기와를 얹어서 만들었고, 낮은 담장에는 돈의문 뉴타운 지역에서 철거된 기와를 재사용하여 의미를 더했습니다. 이곳은 자연과 조화로운 설계로 국토부가 주최한 올해의 한옥 대상을 수상하기도 했습니다.

지하 1층에는 시, 소설, 수필 등 다양한 문학 도서가 비치되어 있고, 1층은 책을 읽고 세미나를 진행할 수 있는 공간으로 구성되어 있습니다. 또 창작 활동과 각종 독서 모임을 할 수 있는 방도 마련되어 있습니다. 그중에서도 작은 폭포가 딸린 정자는 많은 사람들이 즐겨 찾는 힐링 장소입니다. 청운문학도서관에서는 국내 문학가들의 기획 전시와 인문학 강연, 창작 교실, 어린이 독서 캠프 등 문학과 관련된 풍성한 프로그램을 운영하고 있습니다.

3

4

5

3
윤동주 문학관

information	
주소	서울특별시 종로구 창의문로 119
이용시간	10:00~18:00 매주 월요일, 1월 1일, 명절 당일 휴무
입장료	-
문의	02-2148-4175

윤동주는 칼 대신 펜을 들어 일제에 저항했던 독립운동가입니다. 그의 정신을 느껴 보고 싶다면 윤동주문학관을 찾아가면 됩니다. 이곳은 윤동주가 재학 중 종로구 누상동에 머물렀던 것을 인연으로 그의 생애와 작품을 기억하기 위해 조성된 기념관입니다. 2012년 건축가 이소진이 인왕산 자락에 버려져 있던 옛 수도 가압장과 물탱크를 활용해 재건축하면서 윤동주의 삶과 고뇌를 담은 공간으로 새롭게 탄생했습니다.

제1전시실인 '시인채'는 시를 향한 윤동주의 순결한 마음을 느낄 수 있도록 구성되어 있습니다. 천장에서 바닥까지 이어진 9개의 전시대에는 시인의 인생이 시간 순서대로 배열되어 있고, 생전 사진과 친필 원고 영인본도 함께 전시되어 있습니다. 또 벽면을 가득 채운 그의 시집도 인상적입니다.

'열린 우물'이라고 부르는 제2전시실은 이곳의 원래 용도와 윤동주의 시 〈자화상〉 속 의미를 반영한 곳입니다. 시 속에 등장하는 우물을 표현하기 위해 물탱크의 윗부분을 개방해 중정을 만든 것이 특징입니다. 물탱크였던 이곳 벽면에는 과거 물이 고여 있었던 흔적이 그대로 남아 있습니다.

> 우물 속에는 달이 밝고 구름이 흐르고
> 하늘이 펼치고 파아란 바람이 불고
> 가을이 있습니다.
>
> 그리고 한 사나이가 있습니다.
> 어쩐지 그 사나이가 미워져 돌아갑니다.
> - 윤동주의 〈자화상〉 중

1 윤동주문학관 외관
2 제2전시실
3 열린 우물에서 바라본 하늘

1 제3전시실
2 시인의 언덕으로 가는 계단
3 '시인 윤동주 영혼의 터' 표지석
4 〈서시〉 시비

제2전시실을 지나 철문을 열고 들어오면 만나는 제3전시실은 앞선 공간과 달리 물탱크 원형을 그대로 보존한 장소입니다. 윤동주의 일생과 작품 세계를 담은 영상을 상영하며, 모두가 침묵하고 사색하는 시간을 가질 수 있도록 어둡게 조성되어 있습니다. 영상이 시작되면 눅눅한 콘크리트 공간이 하나의 스피커처럼 울리는데, 윤동주가 29세로 짧고 굵은 생을 마감했던 후쿠오카 형무소의 감방과 차가운 복도를 떠올리게 만듭니다.

문학관을 모두 둘러본 후 여운이 남는다면 건물 뒤로 난 길을 통해 '시인의 언덕'을 올라가 봅시다. 인왕산 숲길 코스에 마련된 이 작은 공원에는 윤동주의 꼿꼿함을 엿볼 수 있는 시가 새겨진 비석들과 '시인 윤동주 영혼의 터'라고 적힌 표지석이 있습니다. 특히 한국인이 사랑하는 시 중 하나인 〈서시〉 시비에 적힌 글귀를 읽고 있으면 일제에 억압 속에서 짓눌린 청년의 심정을 고스란히 느낄 수 있습니다. 이곳은 서울 야경을 조망하는 장소로도 인기가 좋습니다.

맞춤형 활동 자료

| 윤동주의 생애와 작품 세계 | 서촌에서 만나는 문화·예술인 이야기 | 글쓰는 직업은 무엇이 있을까 | 재생 건축 공간을 연구해 보자 | 우리가 만드는 윤동주 문학제 |

활동집 14~15p

 미리 보기

윤동주는 식민지라는 암울한 상황 속에서도 민족에 대한 사랑과 독립을 향한 염원을 시로 노래한 인물입니다. 문학을 사랑하는 소년이었던 그는 <쉽게 씌어진 시>를 비롯한 주옥 같은 작품들을 남기고 젊은 나이에 하늘의 별이 됐습니다. 자신에게 주어진 길을 묵묵히 걸었던 시인 윤동주의 삶과 작품을 만나 봅니다.

윤동주의 작품 세계

윤동주의 시에 투영된 자아는 소극적인 태도를 지닌 서정적 자아와 현실 참여의 의지를 가지고 있는 사회적 자아로 나누어 볼 수 있습니다. 이 둘은 대비를 이루며, 대체로 서정적 자아인 시적 화자가 사회적 자아를 의식하면서 자기반성과 성찰을 거듭합니다.

또 그의 시에는 자기 성찰에서 비롯된 부끄러움이라는 감정이 여실히 나타납니다. 〈서시〉에서는 '하늘을 우러러 한 점 부끄럼이 없기를' 소망하면서 결백한 삶에 대한 다짐을 이어 가고, 〈쉽게 씌어진 시〉에서는 일제에 적극적으로 저항하지 못하고 시를 쓰고 있는 것을 자책하는 시적 화자를 내세웠습니다.

윤동주의 주요 작품

자화상 (1939): 모습을 비춰 볼 수 있는 우물을 통해 자신에 대한 반성과 연민을 담았습니다.

서시 (1941): 하늘과 별의 이미지로 지향하는 세계를 노래하고, 양심적인 삶을 살겠다고 고백합니다.

별 헤는 밤 (1941): 별을 매개로 순수한 과거를 추억하고, 소망과 구원을 기약하는 작품입니다.

참회록 (1942): 적극적으로 저항하지 못한 지난날을 거울을 닦는 행위로 참회하려는 의지가 드러납니다.

한국 만화, 100년의 시간 여행

만화는 아이들에게는 상상의 나래를 펼치게 하고,
어른들에게는 어린 시절 추억을 회상하게 만듭니다.
간결한 이야기에 익살스러운 그림이 더해진 만화는
세월이 흐름에 따라 그 주제도, 형식도 많이 달라졌지만
여전히 많은 사람들에게 감동과 재미를 선사하고 있는데요.
또 요즈음에는 웹툰 등 디지털 매체와 만나
하나의 산업 분야로도 성장하고 있습니다.

부천은 1998년 '부천만화축제' 개최를 계기로
한국 만화의 중심지로 발돋움하기 시작했습니다.
2000년대 초, 부천 상동에는 한국만화영상진흥원을 중심으로
만화의 경쟁력을 강화할 수 있는 산업 단지가 조성됐는데요.

문화의 도시, 부천에서 복합 예술의 정점이라 불리는
'만화'의 무궁무진한 세계를 만나 봅니다.

주요 키워드

#만화   #애니메이션   #캐릭터
#웹툰   #부천국제만화축제

부천 창의여행 코스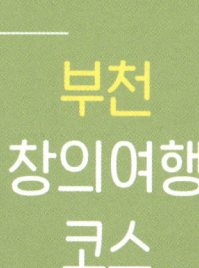

이동 시간	이동 2회	**약 20분**
체험 시간	체험 2회	**약 3시간**
교 통 비	버스 1회	**성인 1,500원 / 청소년 1,100원 / 어린이 800원**

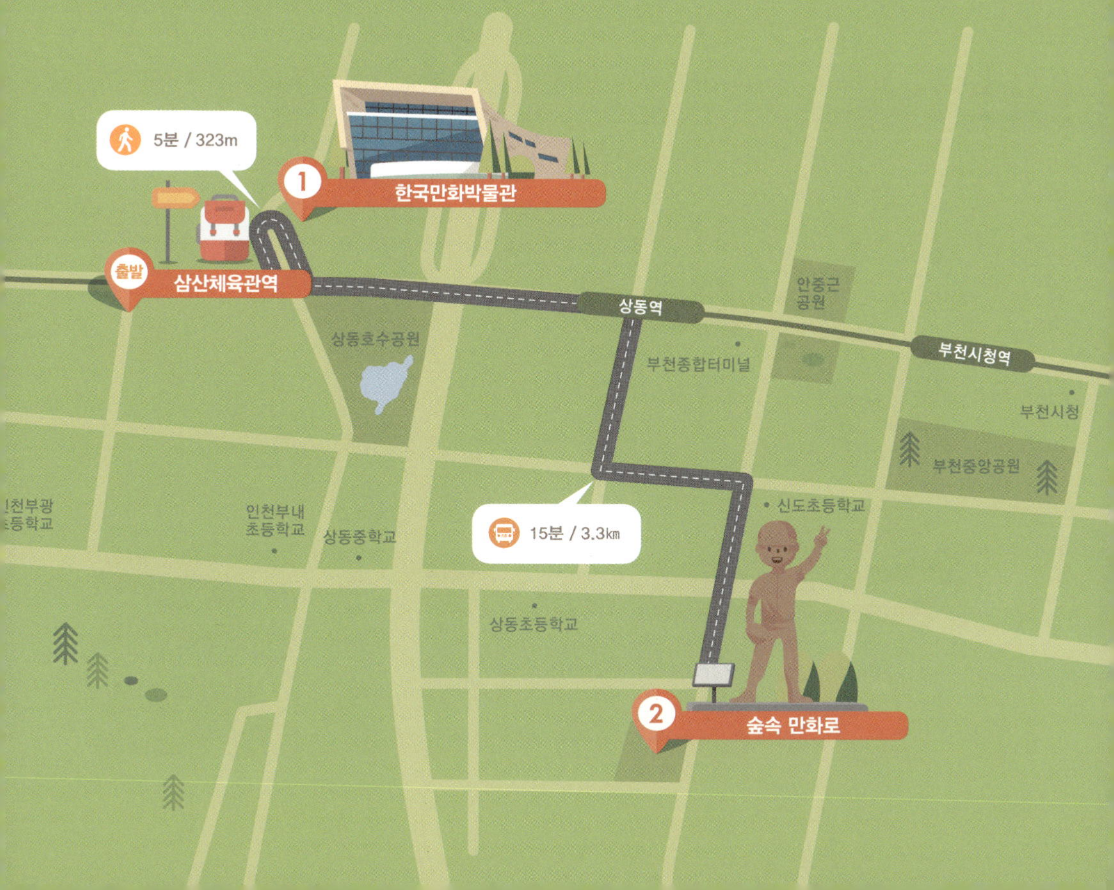

- 5분 / 323m
- 출발: 삼산체육관역
- ① 한국만화박물관
- 15분 / 3.3km
- ② 숲속 만화로

1
한국만화
박물관

information
- 주소: 경기도 부천시 길주로 1
- 이용시간: 10:00~18:00 매주 월요일, 1월 1일, 명절 당일 휴무
- 입장료: 5,000원
- 문의: 032-310-3090~1

1 한국만화박물관 외관
2 옥상정원의 '독고탁' 캐릭터
3 1980~90년대 만화
4 '한국 전쟁과 만화' 전시 코너

한국만화박물관은 만화의 가치를 보존하고 후대에 소중한 만화 유산을 물려주고자 2011년에 현재 위치로 이전해 개관한 우리나라 최초의 만화 전문 박물관입니다. 이곳은 국내 최대의 규모의 만화 도서와 관련 자료를 소장하는 만화도서관과 여러 체험존을 갖추고 있습니다. 4층에 걸쳐 전시와 체험을 제공하며, 각 층마다 컨셉을 달리하여 보는 이들의 흥미를 더합니다.

 재우쌤의 Tip!

박물관은 3층→4층→2층→1층 순으로 관람하는 것을 추천합니다. 1층 로비에서 바로 3층으로 이동해 전시실을 둘러본 뒤 만화체험관이 있는 4층으로 올라가 체험을 즐겨 보세요. 2층에서 만화를 읽고, 1층에서 만화 영화를 시청하는 코스로 가면 알찬 탐방을 즐길 수 있습니다.

3층은 본격적으로 만화 세상을 만나는 공간입니다. 중앙에는 이름만 들어도 알 만한 유명 만화들과 향수를 자극하는 만화 잡지 조형물이 널려 있습니다. 이곳 전시실 초입에는 이러한 문구가 적혀 있습니다.

"만화는 인간의 언어 중
재미와 감동이 함께하는 종합 언어이다."

우리나라 만화는 1940~50년대 경성에서 태동했는데, 이곳에서는 〈토끼와 원숭이(1946)〉 단행본 1점, 〈고바우영감(1950)〉 원고 1만여 점, 〈엄마 찾아 삼만리(1958년)〉 원고 400여 점 등 만화 중에서는 최초로 등록 문화재가 된 당시의 작품들도 볼 수 있습니다. 또 문화 불모지였던 한국전쟁 때 만화가 민중에게 미친 영향과 1960년대에 폭발적으로 성장한 만화 가게에 대한 설명이 당시 모습들과 함께 전시되어 있습니다. 특히 책 읽는 공간을 넘어 동네의 문화 사랑방 역할을 도맡았던 만화 가게의 풍경은 옛 기억을 떠올리게 합니다. 이곳에서는 시대별로 한국인에게 큰 사랑을 받았던 추억의 만화를 살펴보는 재미도 큽니다.

4층은 〈미생〉, 〈순정만화〉 등 20세기 말 제작된 웹툰과 기념비적인 기록을 세웠던 웹툰까지 웹툰의 모든 것에 대해 아우릅니다. 이 층에서는 만화가의 엉뚱한 상상력과 마감의 고충을 미로로 만날 수 있는 '만화가의 머릿속', 라이트 박스로 인기 캐릭터를 그려 볼 수 있는 '나도 만화가 체험존', 좋아하는 만화 속에서 사진을 남길 수 있는 '만화 포토존'이 가장 인기 있는 공간입니다.

2층 만화도서관은 모두가 자유롭게 만화를 접할 수 있도록 박물관 운영 시간 동안 활짝 열려 있습니다. 창의력과 감수성을 더하는 여러 프로그램도 진행하고 있으니 사전 예약을 통해 참여해 보는 것도 좋습니다.

1 3층 만화책과 만화 잡지 조형물
2 땡이네 만화 가게
3 만화책 조형물
4 '만화가의 머릿속' 체험존

2 숲속 만화로

Information
- 주소: 경기도 부천시 상동 일원
- 이용시간: 연중무휴
- 입장료: –
- 문의: 052-256-6301

1 숲속 만화로
2 숲속 만화로 종합 안내판
3 〈검정고무신〉의 이기영

한국만화박물관에서 그리 멀지 않은 곳에는 여유로이 산책하며 유명 만화 작품들을 만날 수 있는 숲속 만화로가 있습니다. 구지공원에서 상도초등학교 일원의 1.2km 거리에 조성된 만화로에는 1950년대부터 2000년대까지 국민적인 사랑을 받았던 만화 속 캐릭터들의 조형물이 잠시 쉬어 갈 수 있는 편의 시설과 함께 설치되어 있습니다.

이 길의 규모는 크지 않지만 우리의 상상력을 자극하고, 추억을 생각나게 만들기에 충분합니다. 길 중간중간 나타나는 캐릭터의 형상을 보고 어떤 만화의, 어떤 캐릭터인지 맞춰 보는 재미도 쏠쏠합니다. 조형물 옆에는 각 캐릭터와 만화에 대한 설명, 작가 이름이 적힌 안내판도 있습니다.

재우쌤의 Tip!

다양한 방법을 통해 아이들이 낯선 캐릭터들과도 친해질 수 있도록 해 주세요. 만화로 안에 있는 캐릭터로 질문을 내고 해당하는 캐릭터를 가장 먼저 찾거나 가장 많이 찾는 사람이 이기는 게임을 해 봐도 재미있겠죠?

만화로에서 가장 먼저 등장하는 인물은 한적한 시골 마을에서 자전거로 우편물을 배달하는 한 우체부의 일상을 다룬 만화 〈빨간자전거〉 속의 우체부입니다. 부천상동우체국과 마주하는 위치에 세워져 있어 풍경과도 잘 어우러지는 캐릭터입니다. 조금 더 걸어가면 〈검정고무신〉의 기영이, 〈아이코 악동이〉의 악동이, 〈도깨비감투〉의 혁이를 비롯해 군사 정권의 탄압 속에서도 50여 년간 연재됐던 〈고바우 영감〉의 주인공을 만날 수 있습니다.

1980~90년대를 주름잡았던 만화 〈달려라 하니〉와 〈영심이〉의 씩씩한 주인공들과 〈공포의 외인구단〉의 주인공 오혜성도 방금 만화에서 튀어나온 듯 인사를 건넵니다. 또 드라마로 제작되어 화제였던 윤태호 작가의 〈미생〉과 허영만 작가의 〈각시탈〉의 캐릭터도 살펴볼 수 있습니다. 길 곳곳에서는 지역 유치원생들이 그린 귀여운 작품들을 구경하는 재미도 있습니다.

1 〈바람의 나라〉의 무휼
2 〈달려라 하니〉의 하니
3 유치원생의 작품
4 〈각시탈〉의 이강로
5 〈영심이〉의 영심이
6 〈순정만화〉의 수영
7 〈일지매〉의 일지매
8 〈공포의 외인구단〉의 오혜성

부천 _ 한국 만화, 100년의 시간 여행

한 걸음 더 내딛기

부천국제만화축제(BICOF)

부천은 가을이 시작되는 매년 9월, 만화 수도라는 명성에 걸맞는 '부천국제만화축제'를 개최합니다. 한국만화영상진흥원이 주최하는 이 행사는 1998년, 만화 산업의 활성화를 위해 출발하여 현재는 전 세계 만화가들과 만화 애호가, 출판사들이 참여하는 만화 전문 축제로 자리매김했습니다.

부천국제만화축제에서는 부천만화대상 수상작을 비롯한 국내외 작품들을 전시하고, 온·오프라인으로 작가와 만날 수 있는 기회도 제공합니다. 또 만화 분야의 진로를 희망하는 학생들을 위한 직업 특강과 만화 골든벨 코너도 진행합니다. 보는 이들에게 즐거움을 선사하는 '코스프레 대회'는 이 축제의 하이라이트이며 행사 부스에는 캐리커쳐, 페이스 페인팅 등 모든 시민들이 즐길 수 있는 다채로운 체험들이 가득합니다.

부천국제만화축제는 한국만화박물관과 비즈니스 센터, 야외 광장에서 즐길 수 있으며 개최 날짜와 세부 내용은 해마다 조금씩 상이합니다.

맞춤형 활동 자료

| 역사적 사실을 바탕으로 만든 만화 | 한국만화박물관 견학 보고서 | 건강한 만화 문화 만들기 | 릴레이 만화 그리기 | 나만의 캐릭터 만들기 |

활동집 16~17p

미리 보기

우리나라 만화 중에는 실존 인물이나 역사 속 이야기를 바탕으로 각색한 것들이 많습니다. 이러한 만화는 재미를 느끼는 것과 더불어 역사 지식을 배워 갈 수 있어 일석이조인데요. 역사적 사실을 바탕으로 한 만화를 살펴봅니다.

구르미 그린 달빛

작가	윤이수 (그림 kk)
개요	남장 여자로 입궁한 여자과 왕세자의 사랑
역사	조선 시대 순조와 효명 세자의 이야기

왕 그리고 황제

작가	정이리이리
개요	고종과 태종의 영혼이 바뀌는 이야기
역사	조선 말 정치 상황과 대한 제국의 성립

26년

작가	강풀
개요	전두환을 암살하려는 계획을 실행하는 과정
역사	5·18 민주화 운동과 남은 이들의 삶

조선의 '순조'가 왕위에 올랐을 당시의 이야기를 다루며, 주인공 '이영'은 실존 인물이었던 '효명 세자'를 모티브로 했습니다. 효명 세자가 18세부터 순조의 건강 악화로 대리 청정을 시작했다는 점, 예술적 능력이 뛰어났다는 점 등을 바탕으로 왕세자 '이영'을 만들어 냈다고 합니다. 여주인공 '홍라온'은 허구 인물입니다. 이 작품을 통해 당시 궁정의 모습과 법도 등 시대적 상황을 헤아릴 수 있습니다.

역사적인 사실에 작가의 주관적인 해석을 더한 픽션입니다. 이 작품은 '고종이 태종과 같은 인물이었다면 우리나라가 일제 강점기를 겪지 않았을 수도 있지 않을까?' 하는 생각에서 출발했습니다. 흥선 대원군, 김옥균, 명성 황후 등 실제 인물들을 중심으로 이야기가 전개되는데, 이완용 등 부정적 평가를 받고 있는 인물들이 개과천선하는 대목이 인상적이라는 평가를 받았습니다.

주인공 '김갑세'는 5·18 민주화 운동 당시 계엄군으로 참가해 어쩔 수 없이 많은 사람들을 죽였습니다. 그는 26년이 흐른 후 당시 광주의 유가족들과 규합하여 전두환을 암살하려는 계획을 세웁니다. 이를 통해 작가는 광주에서 벌어진 일들과 민주화 운동 당사자들이 살아온 인생 그리고 그들의 심경을 섬세하게 담아냈습니다. 이 만화는 2012년, 동명의 영화로도 제작되어 인기를 끌었습니다.

고추장 비법을 찾아 떠나는 여행

순창

고추장을 떠올리면 자연히 생각나는 도시가 있습니다.
바로 '전라북도 순창군'인데요.
순창의 고추장은 '반은 자연이 만들고 반은 사람이 만든다'는 말이
전해질 정도로 장을 담기에 적합한 기후 환경을 갖추고 있습니다.

16세기에 우리나라로 유입된 고추는
순창 지역의 맑은 물과 공기 그리고 전통 발효 기법을 만나
맛과 색깔 모두 일품인 고추장으로 재탄생했는데요.

순창군은 이러한 전통 장류의 명맥을 잇고 관련 산업을 활성화시키고자
순창읍 백산리 일대에 장류 산업 특구인
'순창전통고추장민속마을'을 조성했습니다.

한국 장의 유구한 역사와 맛의 비법을 찾아
고추장의 고장, '순창'으로 떠나 봅니다.

주요 키워드

#고추장   #소스   #발효

#전통음식   #요리

순창
창의여행 코스

이동 시간	이동 2회	약 40분
체험 시간	체험 2회	약 3시간
교 통 비	버스 1회	성인 1,600원 / 청소년 1,300원 / 어린이 800원

순창장류 박물관

information

주소 전라북도 순창군 순창읍 장류로 43

이용시간 하절기(3~10월) 09:00~18:00
동절기(11~2월) 09:00~17:00
매주 월요일, 1월 1일 휴관

입장료 –

문의 063-650-1627

1 순창장류박물관 입구
2 제3공간 '장의 역사'
3 메주를 담그는 여인들

지역의 특색을 오롯이 반영한 순창장류박물관은 순창을 홍보하는 전시관이자 전통 장류를 소개하는 공간입니다. 이곳은 순창 향토 유물과 장류 관련 유물 900여 점을 보유하며, 이를 관람객들에게 보다 쉬운 설명으로 공개하고 있습니다.

전시실 초입에는 메주로 장을 담는 아낙네의 조형물이 있고, 동선을 따라 제1공간 '장의 역사', 제2공간 '장 담그는 날', 제3공간 '세계 속의 장'으로 이어집니다.

"조상의 지혜가 서려 있는 한국의 맛, 한국의 장"

장의 역사를 소개하는 코너에서 단연코 눈에 띄는 문구입니다.

1 옹기를 소개하는 코너
2 세계의 고추와 전통 장의 재료
3 김치의 맛을 보존해 주는 '김치각'
4 임금님 수라상 포토존

고추가 유입되기 전 삼국 시대부터 존재했던 장의 역사를 기록과 함께 살펴보며 콩이라는 작물이 장이 되고, 다시 간장, 된장, 고추장 등으로 세분화된 흐름을 이해할 수 있습니다. 여기에는 고추장과 관련된 서적과 시청각 자료, 맷돌, 서까래, 쟁기, 항아리와 같은 도구들도 같이 전시되어 있습니다. 오늘날 우리가 자주 접하는 세계의 다양한 고추를 세계 지도로 만나는 공간도 인상적입니다.

'세계 속의 장' 전시실에서는 순창 장류 산업을 알리는 전시물과 세계로 뻗어 나가는 한국 장의 미래를 확인할 수 있습니다. 우리나라의 장과 세계의 장을 비교해 보며 각각의 고유함을 찾아보는 것도 유익합니다. 한 켠에는 장 제조의 기본 과정인 '절구 찧기', 장 속 미생물 관찰하기, 임금님 수라상에서 사진 남기기 등을 할 수 있는 체험 코너도 조성되어 있습니다.

재우쌤의 Tip!

'임금님께 진상된 순창 고추장' 코너에는 순창 고추장에 얽힌 일화가 소개되어 있습니다. 태조 이성계가 왕이 되기 전 스승인 무학 대사가 있는 순창에서 고추장을 먹고, 그 맛을 잊지 못해 훗날 궁중에 진상하게 했다는 이야기입니다. 하지만 고추가 우리나라에 들어온 시기를 고려했을 때 이 이야기는 설화 정도로 이해하는 것이 더 정확합니다.

순창장류
체험관

information

주소	전라북도 순창군 순창읍 민속마을길 55
이용시간	09:00~18:00 사전 예약 필수
입장료	체험 비용 별도
문의	063-650-5432

1 순창장류체험관 외관
2 체험 설명을 하는 공간
3 체험객들이 실습하는 조리대

순창장류체험관은 고추장을 비롯한 여러 음식들을 직접 조리해 볼 수 있는 체험 시설입니다. 장류박물관에서 도보로 10분 거리에 있어 장에 대해 학습한 후 실습이 필요하다면 가볍게 들르기 좋은 곳입니다. 별도의 입장료는 없으나 체험의 종류별로 이용 요금을 지불해야 하며, 단체 신청은 10명부터 가능합니다.

운영 프로그램으로는 고추장 만들기, 장을 소스로 한 요리하기, 인절미 만들기, 튀밥 만들기가 있습니다. 성인도 참여가 가능하며 대상자에 맞춰 설명을 진행하고 있어 누구나 어렵지 않게 체험을 따라할 수 있습니다. 체험 프로그램 이용자에 한해 추가 요금을 내면 숙박도 할 수 있는데, 인원과 객실에 따라 요금이 다르기 때문에 사전에 문의해 보는 것이 좋습니다.

상식 ➕ 더하기
고추장은 어떻게 만들까?

전통적으로 고추장을 만들 때는 고춧가루, 메줏가루, 간장, 소금, 엿기름, 찹쌀 등이 필요합니다. 먼저 찹쌀과 엿기름을 일주일 정도 물에 담가 숙성한 뒤 찹쌀은 시루에 찌고, 엿기름은 잘 갈아 체에 거릅니다. 이를 섞어 식혜로 만들고, 다시 고춧가루와 메줏가루를 혼합합니다. 간장이나 소금으로 간을 더하고 옹기에 담아 양지 바른 곳에 6개월 이상 숙성하면 빛깔 고운 고추장이 완성됩니다.

3

발효소스 토굴

Information

주소	전라북도 순창군 순창읍 백산리 805-9
이용시간	하절기(3~10월) 10:00~18:00 동절기(11~2월) 10:00~17:00 매주 월요일 휴무
입장료	성인 3,000원 청소년·어린이 2,500원
문의	063-653-6159

1 발효소스토굴 입구
2 곰팡이 미디어 아트
3 세계의 소스들
4 소스통들이 놓인 전시대

발효소스토굴은 깊고 진한 장의 세계를 제대로 느낄 수 있는 곳입니다. 이곳은 우리 조상들이 옛날부터 저장고로 사용했던 토굴의 모습을 본떠 만들어졌습니다. 외관뿐만 아니라 내부의 온도도 실제 토굴처럼 평균 15℃로 일정하게 유지하고 있다는 점이 특징인데, 이는 발효에 적절한 온도로 실제 이곳에 있는 장들을 장기 숙성하기 위함입니다. 덕분에 여름철 관광지로도 인기가 좋은 곳입니다.

내부에는 몇 개인지 헤아릴 수 없을 정도로 많은 소스들이 전시되어 있습니다. 여러 종류의 소스가 덩그러니 놓여 있기만 한 것이 아니라 그 안에 담긴 이야기가 함께 소개되어 있어 새로운 지식을 습득하는 재미가 있습니다. 정글짐처럼 짜여진 전시대에는 주방에서 흔히 볼 수 있는 우리나라 간장, 고추장부터 서양 음식에 곁들이는 핫소스, 중국의 굴소스까지 총천연색의 소스가 즐비합니다. 한국의 고추장과 어깨를 나란히 하는 세계의 매운 장들도 꼼꼼하게 설명되어 있습니다.

수많은 소스들을 지나가면 토굴의 질감을 살린 벽화 주위로 트릭아트가 그려져 있습니다. 또 발효 중인 곰팡이를 미디어 아트로 구현한 공간도 나옵니다.

1 순창의 다양한 소스들
2 세계의 빨간 소스들
3 국내 장류 제품
4 세계의 장류 제품
5 장독대를 이용한 조형물

이곳에서 가장 화려한 공간은 '인터렉티브 미디어관'입니다. 순창의 사계절이 오색찬란한 빛으로 펼쳐지기 때문에 찰나의 사진을 남기기도 좋습니다. 토굴에서 가장 붐비는 공간은 토굴 내 위치한 'VR 체험관'으로 순창 고추장에서 추출한 백신을 바이러스에 감염된 사람들에게 전하러 가는 여정을 가상 우주 공간에서 즐길 수 있습니다.

마지막 광장으로 빠져나오면 조선 시대에 순창 고추장을 진상했던 행렬을 재현한 조형물이 전시되어 있습니다. 그 주변으로 전통음식을 보관하는 저장고, 장을 숙성 중인 발효실과 장 제품을 제조하고 판매하는 브랜드의 제품들이 줄지어 있습니다. 또 미디어 매체를 통해 효모 만들기, 균주 게임, 장의 발효와 숙성 관찰하기 등 실감나는 체험을 할 수 있습니다.

재우쌤의 Tip!

산업 관광이란 농업, 제조업, 서비스 등 산업 현장을 지역의 문화·관광에 접목한 형태를 말합니다. 보통 공장 견학, 기업 탐방, 기능인과의 만남, 관련 프로그램 체험 등이 이에 속합니다. 순창에서는 장류연구소와 순창고추장민속마을을 둘러보고, 전통 장인에게 장 담그기 비법을 듣는 1시간 짜리 '스토리 여행' 코스부터 2시간 정도 소요되는 관광까지 여러 코스의 산업 관광을 운영하고 있으니 시간이 된다면 같이 참여해 보세요.

맞춤형 활동 자료

| 다양한 장의 종류 | 세계의 다양한 소스 | 순창 고추장이 맛있는 이유 | 발효의 과학 | 순창 소스의 세계화 전략 |

활동집 18~19p

 미리 보기

한국인이 즐겨 먹는 우리나라 장의 종류는 크게 네 가지로, 고추장, 된장, 간장, 청국장이 있습니다. 이 장들은 대부분의 한식 요리에 사용되며, 우리의 음식 문화 전반에도 큰 영향을 미치고 있는데요. 한국 전통 장의 종류와 특징에 대해 알아봅니다.

고추장

고추장은 콩에서 오는 구수한 맛과 찹쌀, 맵쌀, 보리쌀 등의 탄수화물에서 오는 단맛, 고춧가루의 매운맛, 간장과 소금의 짠맛이 한데 어우러진 독특한 식품입니다. 식욕을 돋우고 소화를 촉진하는 효과가 있습니다.

된장

콩을 발효하여 만든 전통 발효 식품인 된장은 메주로 장을 담가 장물을 떠내고 소금을 넣어 숙성하는 방법과 장물을 떠내지 않고 만드는 방법, 이렇게 두 가지 제조법이 대표적입니다. 오랜 역사를 간직한 장인 만큼 지역에 따라 제조 방식, 맛, 형태 등이 각양각색입니다.

간장

간장은 메주와 물, 소금이 결합된 것으로 된장에서 추출한 용액입니다. 예로부터 메주에 소금물을 넣어 숙성한 뒤 건더기로는 된장을, 장액으로는 간장을 만들었습니다. 국물류에 들어가는 간장과 무침이나 볶음에 사용되는 간장을 구별하여 사용하는 것이 일반적입니다.

청국장

청국장은 전국장이라고도 불리며, 가을부터 이듬해 봄까지 만들어 먹는 식품입니다. 단기 숙성으로도 만들어 먹을 수 있는 것이 특징입니다. 콩을 통째로 발효하기 때문에 영양 손실이 적은 식품입니다.

푸릇푸릇

초록이 없는 세상을 상상해 본 적이 있나요?
푸른 생명이 일렁이는 물과 두 발을 디딜 수 있는 흙,
나무들이 어깨동무하는 숲이 없다면 어떨지 말이에요.

아마 바람을 느끼고, 하늘을 보고, 꽃 내음을 맡는
작은 낭만마저도 잃어버리게 될 것이 뻔하죠.

우리가 살아가는 초록별 지구,
곁에 있어 더 고마운 자연과 친구가 되어 봅시다.

부안 — 지질
춘천 — 봄
상주 — 자전거
하동 — 야생차

부안

겹겹의 시간이 빚어낸 **해안**

"바다가 좋아? 산이 좋아?" 하고 물었을 때,
"둘 다 좋아!"를 외치는 사람들도 분명히 있을 거예요.

부안의 변산반도는 바다와 산, 그리고 평야가
조화롭게 어우러진 여행지입니다.
오랜 시간 동안 파도에 깎이고, 바닷물에 침식되어 만들어진
해안 지형들은 서해안의 진주라고 불릴 만큼 절경을 이루는데요.
이곳은 전국에서 유일하게 산과 바다가 공존하는 국립공원입니다.

변산반도국립공원은 아주 오래전,
한반도 지각 변동의 흔적을 관찰할 수 있는 좋은 학습장입니다.
2017년 '전북서해안권 국가지질공원'으로 인증 받기도 했는데요.
채석강, 적벽강 등이 있는 지질 명소 일대는
바다 내음 가득한 부안의 명소를 거닐며
자연과 시간이 만들어 낸 다양한 지질 구조와 해안 지형을 이해해 봅니다.

주요 키워드

#국가지질공원 #변산반도 #해안지형
#퇴적암 #화산 #공룡 #지구과학

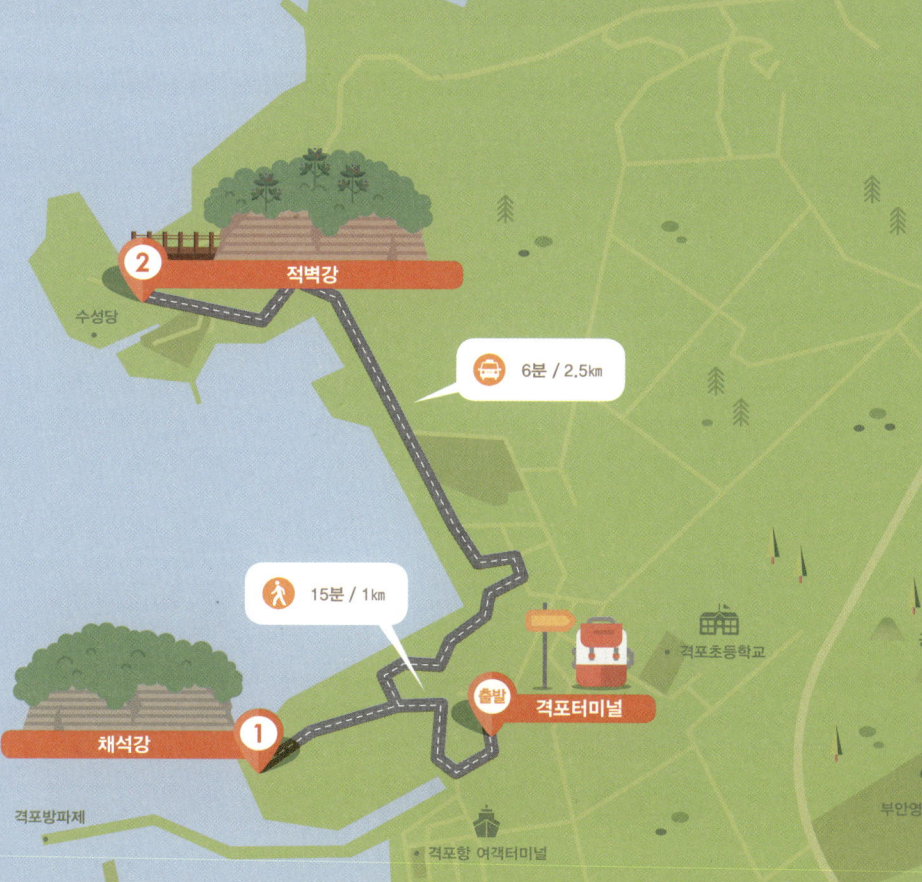

채석강

information

주소	전라북도 부안군 변산면 격포리 일대
이용시간	연중무휴
입장료	-
문의	063-582-7808

1 채석강 전경
2 파식대
3 퇴적된 돌

채석강(彩石江)은 변산반도의 서쪽 끝 일대 바위 절벽과 바다를 일컫습니다. 채석강을 강(江)으로 오해하기 쉽지만, 이는 중국의 강 이름에서 따온 명칭입니다. 채석강은 중국 당나라의 시인 이태백이 강물에 비친 달을 잡으려다 빠져 죽은 강으로, 그만큼 이곳의 경치가 뛰어나다고 해서 붙여졌습니다.

수만 권의 책을 겹겹이 포개 놓은 듯한 지형을 가까이 들여다보면 각각 다른 퇴적암들이 층을 이루고 있는 것을 확인할 수 있습니다. 약 1억 년 전 이곳은 바다가 아닌 호수였는데, 물살에 떠밀려 온 흙, 모래, 자갈 등이 호수 밑바닥에 차곡차곡 쌓이면서 굳어졌고, 다시 이 거대 지층이 큰 지각 변동을 만나면서 물 위로 솟아오르게 됐습니다. 그리고 오랜 세월 거센 파도와 바람에 깎이며 지금의 모습을 간직하게 된 것입니다.

1 층리
2 채석강 부감
3 해식동

채석강은 선캄브리아대 화강암, 편마암과 중생대 백악기 퇴적암은 물론이고 습곡, 단층까지 한눈에 확인할 수 있어 살아 있는 지질 교육 현장으로 평가 받습니다.

이 일대 지층들은 주로 공룡이 존재했던 중생대 백악기에 생성된 것인데, 채석강의 봉화봉 근처에서도 공룡 발자국이 발견됩니다. 경상남도 고성이나 전라남도 해남처럼 규모가 크지는 않지만 여러 개의 작은 발자국 화석이 남아 있습니다. 발자국의 행렬이나 크기로 따져 봤을 때 목이 길고 커다란 몸집을 가진 용각류 공룡들이 서로 다른 시기에 이곳을 지나다녔을 것으로 추정하고 있습니다.

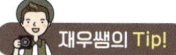 **재우쌤의 Tip!**

채석강 일대의 공룡 발자국 화석을 살펴보고, 공룡 발자국 화석의 생성 원리와 과정을 조사할 수 있도록 하면 고생물학에 대한 아이들의 관심을 키우는 데에도 도움이 될 것입니다.

또 채석강에는 파식대, 해식애, 해식동 등 자연이 조각한 해안 지형이 잘 발달되어 있는데, 그 뛰어난 경관 덕분에 사진, 영화 촬영 명소로 손꼽힙니다. 해수면이 낮아질 때 방문하면 다양한 퇴적암과 더불어 돌 틈에 달라붙어 있는 바다 생물까지 발견하는 재미를 느껴볼 수 있습니다.

상식 ➕ 더하기

채석강에서 볼 수 있는 해안 지형

- **해식애** : 파도나 조류가 암석 해안을 깎아 생성되는 절벽
- **해식동** : 해식애 중에서도 비교적 연약한 암석이 더욱 침식되어 형성되는 굴
- **파식대** : 파도의 침식과 풍화 작용으로 암석 해안에 생기는 평탄한 면

부안 _ 겹겹의 시간이 빚어낸 해안

2 적벽강

information

주소	전라북도 부안군 변산면 격포리 일대
이용시간	연중무휴
입장료	-
문의	063-582-7808

1 적벽강 부감
2 주상절리
3 적벽강 풍경

적벽강(赤壁江)은 이름 그대로 붉은빛을 띤 암벽이 펼쳐져 장관을 이루는 해변입니다. 용두산을 돌아 절벽과 암반으로 이어진 해안선의 약 2km 구간을 이룹니다. 명칭은 중국의 시인 소동파가 시를 지었던 적벽강과 이곳이 흡사하다고 해서 유래됐습니다.

적벽강은 채석강과 함께 국가지질공원에 속하는데 파도와 바람의 침식 작용으로 만들어진 그 모습이 매우 빼어납니다. 석양이 질 무렵 바위가 진홍색으로 물들 때의 모습이 아름다워 낙조 명소로도 인기가 좋습니다.

이곳에서는 후추를 뿌려 놓은 듯한 암석 '페퍼라이트(peperite)'를 만나 볼 수 있습니다. 페퍼라이트는 뜨거운 상태의 마그마가 수분을 함유한 퇴적물과 만나 서로 뒤섞이면서 형성된 암석인데, 적벽강은 국내에서 몇 안 되는 페퍼라이트 분포지이기 때문에 지질학적으로 보존 가치가 높습니다.

또 작은 화산재와 용암이 냉각과 수축을 거쳐 형성되는 사각 또는 육각 형태의 암석 기둥 '주상절리'도 관찰할 수 있습니다. 적벽강에는 한 마리의 수사자를 닮은 사자바위가 있습니다. 그 바위를 중심으로 펼쳐지는 바다 풍경 또한 근사합니다.

천연기념물로 지정된 부안 격포리 후박나무 군락도 적벽강의 또 다른 볼거리입니다. 후박나무는 반들반들한 잎 그리고 높이 20m, 둘레 6m까지 자라는 거대한 규모가 특징입니다. 이곳에 밀집해 있는 130여 그루의 후박나무는 자연의 웅장함을 뽐내는 동시에 해풍을 막아주는 방풍림 역할을 합니다.

1 부안 격포리 후박나무 군락
2 후박나무 잎
3 적벽강 낙조

재우쌤의 Tip!

채석강과 적벽강에서 해안 지형과 지질 구조를 제대로 관찰하려면 물때를 잘 맞추는 것이 좋습니다. 물이 들어올 때나 파도가 거셀 때는 위험하기 때문에 입장이 제한될 수 있습니다. 하루 두 번, 물이 빠질 때에 맞춰서 가면 채석강이 있는 격포항에서 격포해수욕장까지 약 2km 정도의 해안을 여유롭게 걸을 수도 있으니 꼭 밀물과 썰물 시간을 확인하고 방문해 주세요. 해안의 바위는 미끄럽기 때문에 등산화나 운동화 착용은 필수입니다.

한 걸음 더 내딛기

직소폭포

전라북도 부안군 변산면 중계리 일대

변산반도에서 규모가 가장 큰 폭포인 직소폭포는 봉래구곡의 상류에 있습니다. 주상절리를 관찰할 수 있으며, 물줄기의 침식 작용으로 만들어진 깊은 연못도 만나 볼 수 있습니다. 2020년 4월에는 지질 구조를 비롯한 자연 경관적 가치를 높게 평가 받아 명승으로 지정됐습니다. 지질학적 요소와 더불어 계절마다 다른 매력을 뽐내는 내변산의 아름다운 비경까지 감상할 수 있어 변산 8경 중에서도 1경으로 꼽히는 곳입니다.

솔섬

전라북도 부안군 변산면 도청리 일대

솔섬은 전북학생해양수련원 앞 바다에 있는 자그만 섬입니다. 솔섬이라는 이름처럼 바위 위에 우뚝 선 소나무의 모습이 특징입니다. 화산 활동으로 만들어진 솔섬은 기이한 화산, 퇴적 구조를 간직하고 있는데, 곳곳에 동그랗게 부풀어 오른 부분들은 자갈 크기의 응회암과 내부에 포함된 다량의 가스가 빠져나오면서 형성된 것입니다. 이곳은 화산의 탈가스 구조를 관찰할 수 있는 명소로 각광 받고 있으며, 썰물 때는 물이 빠지기 때문에 해변에서 걸어서 갈 수 있습니다.

맞춤형 활동 자료

| 국가지질공원 탐방하기 | 다양한 해안 지형 | 공룡의 흔적을 찾아서 | 부안 단편 영화 시나리오 제작하기 | 지질 명소를 소재로 한 시화 그리기 |

→ 활동집 20~21p

 **미리 보기**

국가지질공원은 과학적으로 중요한 의미를 지니면서 자연 경관까지 아름다운 지역들을 보전하고, 이를 교육·관광 산업 등에 활용하기 위해 국가에서 인증한 공원입니다. 13곳의 우리나라 국가지질공원 중에서도 세계적으로 뛰어난 가치를 인정받아 유네스코 세계지질공원으로 지정된 곳들을 둘러봅니다.

제주도

구역	제주특별자치도
지질 명소 수	13개 소
대표 지질 명소	한라산, 산방산 용암돔, 성산 일출봉 응회구, 만장굴, 용머리 응회환

청송

구역	경상북도 청송군
지질 명소 수	24개 소
대표 지질 명소	주방천 페퍼라이트, 주산지, 청송 얼음골, 백석탄 포트홀, 면봉산 칼데라

무등산권

구역	광주광역시 동·북구, 전라남도 화순군, 담양군
지질 명소 수	23개 소
대표 지질 명소	무등산 광석대·입석대·서석대, 적벽

한탄강

구역	경기도 포천시, 연천군, 강원도 철원군
지질 명소 수	28개 소
대표 지질 명소	남계리 주상절리, 철원 용암 대지, 교동 가마소

부안 _ 겹겹의 시간이 빚어낸 해안

녹색 성장을 구현하는
자전거의 도시

녹색 성장은 온실가스와 환경 오염을 줄이는 지속 가능한 성장으로서
전 세계가 함께 노력해야 할 과제입니다.
최근 탄소 배출이 없는 친환경 교통수단인 자전거가
녹색 성장을 실천하는 한 방법으로 다시금 주목받고 있습니다.

20세기 초부터 자전거를 도입한 상주는
일찌감치 자전거를 기반으로 한 교통 문화를 발전시킨 도시입니다.
이곳은 가구당 2대 이상의 자전거를 보유하고 있을 만큼
자전거 이용이 일상화되어 있는데요.

또 지역 전체가 크게 오르막과 내리막이 없는 평탄한 분지를 이루고 있어
자전거를 타기에도 안성맞춤입니다.

상주를 둘러보며, 자연과 함께 가는 친환경 교통수단
자전거의 매력을 느껴 봅니다.

주요 키워드

#자전거 #녹색성장 #교통수단
#탄소중립 #낙동강 #엄복동

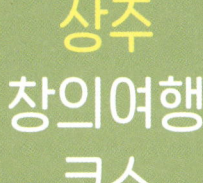

4 상주 창의여행 코스

이동 시간	이동 2회	약 53분
체험 시간	체험 2회	약 3시간
교 통 비	버스 2회	성인 3,000원 / 청소년 2,400원 / 어린이 1,600원

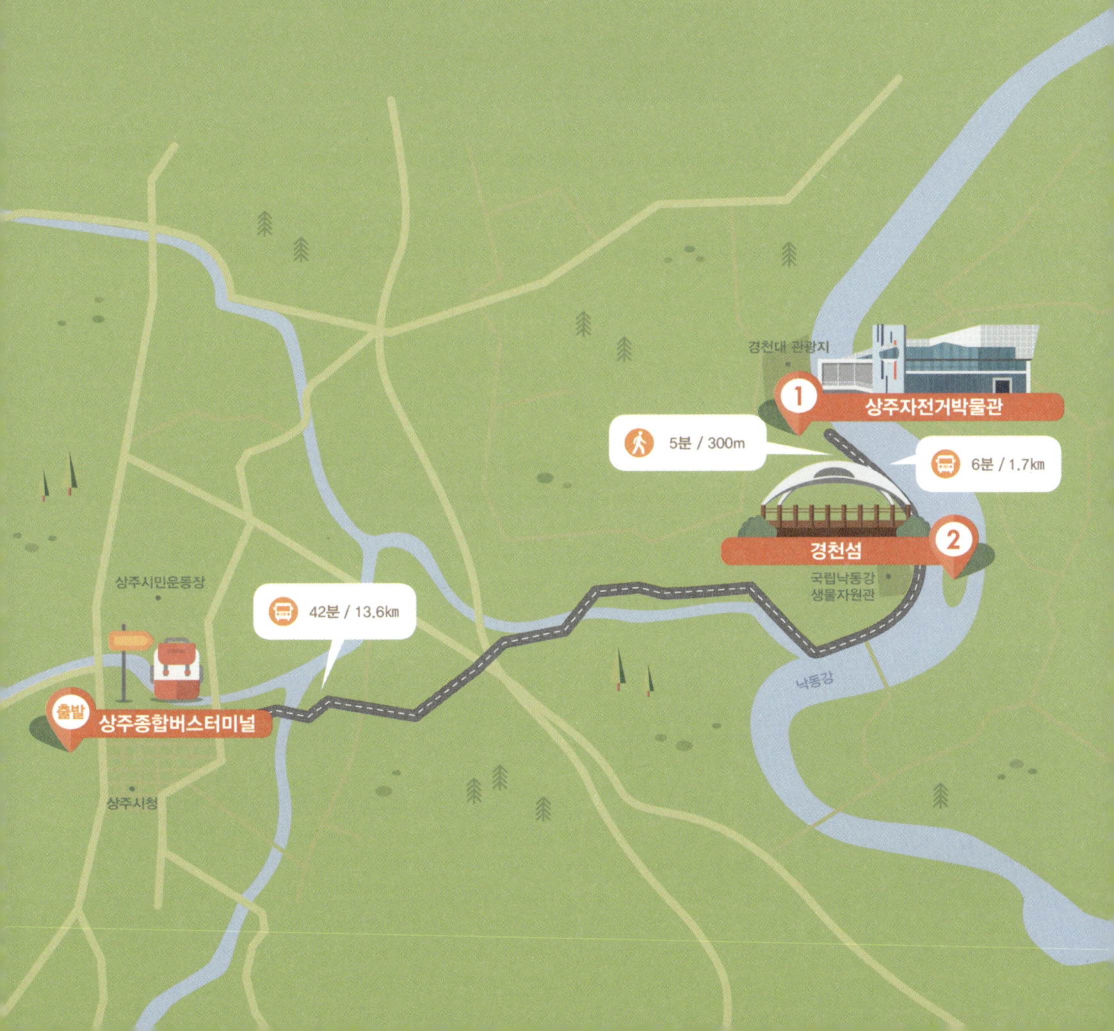

N
경천대 관광지
1 상주자전거박물관
5분 / 300m
6분 / 1.7㎞
경천섬 2
국립낙동강
생물자원관
낙동강
42분 / 13.6㎞
상주시민운동장
출발 상주종합버스터미널
상주시청

상주자전거 박물관

Information

주소	경상북도 상주시 용마로 415
이용 시간	전시실 09:30~17:30 자전거 대여소 10:00~17:00 매주 월요일, 1월 1일, 명절 당일 휴관
입장료	성인 1,000원 청소년(7~18세) 500원 어린이 무료
문의	054-534-4973

1 상주자전거박물관 로비
2 상주 자전거의 역사
3 상주사이클링 클럽
4 상주에서 가장 오래된 자전거

2002년에 개관한 상주자전거박물관은 자전거에 대한 관심을 도모하고, 무공해 교통수단에 대한 이해를 돕고자 만들어졌습니다. 이 박물관에서는 역사, 안전, 건강과 같은 다양한 테마로 자전거를 설명하며 곳곳에 실물 자전거, 자전거 모형 등 흥미로운 자료들도 전시하고 있습니다.

1~2층의 전시실에서는 초창기 나무로 된 이륜 자전거부터 최신식 전기 자전거에 이르기까지 600여 점의 자전거를 한자리에서 감상할 수 있습니다. 또 우리나라 사이클 영웅 엄복동 선수를 비롯하여 상주가 자전거의 도시로 거듭날 수 있도록 도와준 사람들과 자전거점 상인들의 일화도 소개되어 있습니다. 이곳에는 상주에서 가장 오랜 역사를 자랑하는 1947년산 일본 미야타 자전거도 있습니다.

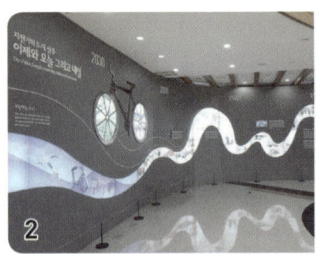

또 눈여겨볼 만한 것은 엄복동 선수 자전거의 복제본입니다. 엄복동 선수는 일제 강점기, 여러 자전거 대회에서 일본 선수들을 제치고 우승하며 민족의 자긍심을 드높인 인물입니다. 그의 자전거는 브레이크 없이 고정식 기어로 되어 있고, 바퀴의 재질이 목재인 것이 특징입니다. 한국 체육사에서 상징적인 물건인 엄복동 자전거는 2010년에 등록문화재로도 지정됐습니다.

1 엄복동 자전거
2 5층 묘기 자전거
3 자전거 체험장
4 자전거와 상주 사람들 전시
5 자전거 교통 표지판

이곳에는 경기용 자전거, 묘기 자전거 등 우리에게는 생소한 모습의 자전거도 많습니다. 그중 자전거 5대의 프레임을 쌓은 5층 자전거가 눈에 띕니다. 1989년, 한 자전거 회사의 도움을 받아 제작한 이 묘기 자전거는 바퀴와 안장이 매우 멀기 때문에 중심 잡기가 어려워 숙련된 사람이 아니면 탈 수 없습니다. 상주는 매년 여러 축제에서 이색 자전거 퍼레이드를 진행하며 5층 자전거를 비롯한 다양한 고층 자전거들을 소개합니다.

2층 전시실 한쪽에는 자전거의 구조와 안전 수칙을 점검하고 나에게 맞는 자전거를 탐색할 수 있는 공간이 있습니다. 또 직접 페달을 굴려 보며 자전거의 건강·환경적 가치를 생각해 볼 수 있는 체험존도 꾸려져 있습니다.

지하 1층에서는 이색 자전거들을 체험할 수 있는 무료 자전거 대여소를 운영하고 있습니다. 자전거와 관련된 지식을 습득하고 야외로 나와 자전거로 야외 광장과 박물관 내 순환 코스를 도는 활동을 해 보면 좋습니다.

2 경천섬

Information

주소	경상북도 상주시 중동면 오상리 968-1
이용시간	연중무휴
입장료	-
문의	054-537-7123

1 경천섬 범월교
2 경천섬 탐방 안내도

경천섬은 낙동강의 퇴적 작용으로 만들어진 삼각주를 4대강 사업 때 생태공원으로 새롭게 조성한 곳입니다. 철새들이 머물며 번식하는 섬이라고 해서 '오리섬'으로 불리기도 합니다. 공사 이전에는 섬이 모래사장과 연결되어 있어 걸어갈 수 있었지만 현재는 범월교 또는 낙강교를 건너 들어가야 합니다.

이곳은 국토종주낙동강자전거길과 인접해 있어 자전거 여행 중 잠깐 들러 여유를 즐기기 좋습니다. 또 길을 따라 여러 동식물이 서식하는 친환경 섬으로 조성되어 있어 생태 학습의 장으로도 손색이 없습니다.

경천섬의 총 둘레는 2km 정도로 걷거나 자전거를 타고 둘러보기 좋은 규모입니다. 안내도를 따라 4가지 코스로 다양하게 탐방할 수 있는데, 섬 가장자리를 도는 A코스부터 낙강교를 건너 수상 탐방로까지 왕복 1시간이 소요되는 D코스까지 있습니다. 각각의 코스마다 특색 있는 조경이 잘 가꾸어져 있으며, 봄이면 유채꽃이 만개하고 가을이면 코스모스와 메밀꽃이 흐드러집니다.

1 경천섬 전경

강산이 어우러진 경천섬은 특히 해 질 무렵에 장관을 이룹니다. 섬 주변의 경천대 전망대, 학 전망대, 청룡사 전망대에 오르면 아름다운 경천섬의 모습을 한눈에 조망할 수 있습니다.

경천섬 주변에는 회상나루, 도남서원, 국립낙동강생물자원관 등 여러 관광 명소가 있습니다. 경천섬 입구에 있는 자전거 대여소에서 자전거를 빌린 뒤 이 일대를 함께 돌아보면 상주의 매력을 더 잘 느낄 수 있습니다.

재우쌤의 Tip!

자전거를 타기 전, 안전하고 올바른 자전거 이용법을 학습해 봅시다. 이용할 자전거를 점검하고, 안전모와 보호대를 꼭 착용해야 합니다. 자전거 안전 수칙을 지키고 안전사고에 유의하여 모두가 즐거운 체험을 즐길 수 있도록 지도해 주세요.

상식 ➕ 더하기
자전거 점검 수칙

- 브레이크를 하나씩 잡았을 때 바퀴가 잘 멈추나요?
- 핸들이 차체와 수직인가요?
- 안장을 알맞은 높이로 조정한 후 흔들리지 않나요?
- 차체를 눌렀을 때 타이어가 땅에 닿는 면적이 5~10㎝ 정도인가요?
- 페달이 휘어져 있지 않나요?
- 전조등과 후미등에 불이 잘 들어오나요?
- 체인의 중앙부를 위아래로 눌렀을 때 차이가 1~2㎝ 정도 되나요?

상주 _ 녹색 성장을 구현하는 자전거의 도시

한걸음 더 내딛기

국토종주자전거길

국토종주자전거길은 자전거 인프라 조성과 자전거 이용 문화 확산 등을 목적으로 2011년부터 운영됐습니다. 전국을 가로지르는 자전거길은 크게 13개의 구간으로 나뉘어 있으며, 전체 길이는 1,853km에 달합니다. 코스마다 강변, 폐철교, 평야, 해안도로, 고갯길 등 각기 다른 풍경을 선사하는 것이 매력입니다. 2012년부터는 여권처럼 생긴 인증 수첩에 주요 지점의 도장을 모두 찍으면 종주 사실을 공식적으로 인증하는 '국토종주 인증제'를 시행하고 있어 자전거 마니아들 사이에서 인기가 좋습니다. 인증은 '행복나눔' 앱을 통해 모바일로도 진행할 수 있습니다.

국토종주자전거길 중에서도 낙동강자전거길은 안동댐을 시작으로 상주, 구미, 창녕 등을 거쳐 부산 을숙도 낙동강 하굿둑으로 이어지는 총 324km의 코스입니다. 이 길은 국내에서 가장 긴 자전거길로 완주하려면 최소 4~5일은 걸립니다. 유유히 흐르는 낙동강을 따라 아름다운 자연을 만끽할 수 있으며, 경천섬 인근 상주보 외 12개의 인증 센터가 분포하고 있어 자전거 여행의 추억을 도장으로도 남길 수 있습니다.

| 세계의 자전거 도시 | 녹색 성장 알아보기 | 문학으로 만나는 자전거 | 지역의 개성을 품은 공공 디자인 | 슬기롭고 안전한 자전거 생활 |

활동집 22~23p

창의융합 미리 보기

환경 오염과 교통난 해소의 방편으로 자전거가 인기를 끌면서 자전거를 주요 교통수단으로 정착시키려는 노력이 가속화되고 있습니다. 자전거 사용을 장려하는 것에서 더 나아가 도시 계획의 일환으로 자전거를 활용하는 사례도 늘고 있는데요. 세계의 선진 자전거 도시들을 살펴봅니다.

네덜란드 암스테르담

네덜란드의 수도 암스테르담은 자전거 교통수단 이용률이 40%에 육박합니다. 이곳 시민들은 걸음마를 떼면 자전거부터 배워야 한다고 말할 정도로 자전거 이용이 생활화되어 있습니다. 유연한 도로 시스템을 구축했으며, 자전거 전용 도로의 폭도 차도처럼 넓혀 자전거 이용의 편리함을 높인 것이 특징입니다. 또 인도와 차도의 구분을 턱이 아닌 기둥으로 대신하여 자전거가 자유롭게 드나들 수 있게 했습니다.

미국 포틀랜드

오리건주의 대표 도시인 포틀랜드는 미국 평균 10배의 자전거 이용률을 자랑합니다. 이곳에서는 러시아워에 차가 아닌 자전거가 줄을 잇는 진풍경도 펼쳐집니다. 차도 한가운데 자전거 도로가 있고, 지하철과 버스에 자전거를 실을 수 있는 공간이 확보되어 있어 대중교통 이용도 용이합니다. 또 대부분의 상점과 호텔에서 자전거를 대여하기 때문에 관광객들도 이곳에서 쉽게 자전거 여행을 즐길 수 있습니다.

덴마크 코펜하겐

코펜하겐은 1940년대 이후 대중교통의 중심축에 도시 개발을 집중시키는 정책을 수립하면서 자전거 활용을 적극 권장했습니다. 이러한 노력으로 시민 절반 이상이 통근, 통학 수단으로 자전거를 선택했습니다. 질서 있는 문화를 위해 혼잡한 곳에 자전거 정리 도우미를 배치하고, 이용자가 속도를 지켜 자전거를 운행할 경우 신호에 안 걸리게 하는 제도도 운영합니다. 또 학교에서는 자전거 타기와 관련된 내용을 필수로 배웁니다.

봄을 맞이하다

춘천

봄 춘(春), 내 천(川).
춘천은 봄이 오는 시내라는 따뜻한 의미를 품고 있습니다.
한반도 내륙에 있는 춘천은 남쪽과 달리
봄이 오는 소식을 이르게 접할 수 없는 지역이지만
매년 봄이면 강산이 수놓는 아름다운 풍경 덕분에
이런 이름이 붙었다고 합니다.

조선의 실학자 이중환이 현지 답사를 바탕으로 쓴 《택리지》에는
사람이 가장 살기 좋은 곳이 '춘천'이라고 나와 있습니다.
산으로 둘러싸인 분지 지형에 북한강이 흐르는
호반의 도시, 춘천의 명성이 예나 지금이나 자자했나 봅니다.
그래서 사람들이 춘천을 떠올리면 자연스레
아름다운 강과 푸른 자연을 먼저 생각하는지도 모르겠습니다.

춘천은 소설가 김유정이 나고 자란 실레마을이 있는 곳으로도 유명합니다.
봄처럼 따사로운 그의 작품을 춘천 곳곳에서 만날 수 있는데요.

눈부신 자연과 문학의 고즈넉한 정취가 조화로운 춘천.
그 싱그러운 봄의 대향연으로 여러분을 초대합니다.

주요 키워드

#봄 #김유정 #문학 #소양강
#경춘선 #다목적댐 #숲

김유정
문학촌

information

주소	강원도 춘천시 신동면 김유정로 1430-14
이용 시간	하절기(3~10월) 09:30~18:00 동절기(11~2월) 09:30~17:00 매주 월요일, 1월 1일, 명절 당일 휴무
입장료	초등학생 이상 2,000원
문의	033-261-4650

1

> 나의 고향은 저 강원도 산골이다. 춘천읍에서 한 이십 리가량 산을 끼고 꼬불꼬불 돌아 들어가면 내닫는 조그마한 마을이다. 앞뒤 좌우에 굵직굵직한 산들이 빽 둘러섰고 그 속에 묻힌 아늑한 마을이다. 그 산에 묻힌 모양이 마치 옴팍한 떡시루 같다 하여 동명을 실레라고 부른다. 집이라야 대개 쓰러질 듯한 헌 초가요, 그나마도 오십 호밖에 못되는, 말하자면 아주 빈약한 촌락이다.

1 김유정문학촌 전경
2 김유정 동상
3 김유정역

춘천을 대표하는 문학가 김유정은 그의 수필 〈오월의 산골짜기〉에서 그가 살던 춘천 실레마을을 소개했습니다. 폐결핵을 앓아 29살에 세상을 떠난 김유정은 2년간의 짧은 작가 생활 동안 왕성한 활동을 펼치며 30편에 가까운 작품을 발표했습니다. 그의 대표작 〈봄봄〉, 〈동백꽃〉, 〈땡볕〉에서는 소박하면서도 해학적인 그의 세계관을 엿볼 수 있습니다.

1~2 김유정기념전시관 내부
3 김유정 조형물
4 김유정 생가

춘천은 그를 기리기 위해 이곳 기차역, 우체국 등에 김유정이라는 이름을 붙이고, 그의 문학 활동 공간 위에 김유정문학촌을 조성했습니다.

문학촌 안에는 김유정의 생애부터 작품들을 만날 수 있는 김유정 생가, 김유정기념전시관, 김유정이야기집과 한지 공예, 도자기, 민화 등 전통문화를 체험할 수 있는 시설이 마련되어 있습니다.

김유정기념전시관 안에는 〈봄봄〉의 한 페이지가 우리의 키보다 더 큰 조형물로 서 있습니다. 이곳은 연대별로 김유정의 삶과 작품 활동을 잘 이해할 수 있는 공간으로 관람객들이 주요 작품의 일부를 읽어 볼 수 있도록 구성되어 있습니다. 김유정의 조카와 마을 주민들의 고증을 통해 복원된 김유정의 생가 주변에는 외양간, 장독대 등 옛 모습이 그대로 재현되어 있어 당시 시대적 배경을 이해하는 데에도 도움이 됩니다.

실레마을 전체가 김유정 작품의 무대였기 때문에 찬찬히 소설 속 장소들을 만나는 매력도 있습니다. 그중 문학 기행을 할 수 있는 실레이야기길은 김유정문학촌의 백미로 꼽힙니다. 이름도 재미난 길을 따라 고즈넉한 풍경을 감상해 보면 좋습니다.

 **재우쌤의 Tip!**

매년 가을, 김유정문학촌에서는 '김유정문학축제'가 열립니다. 축제 기간에는 김유정4대문학상 시상식, 김유정 백일장, 김유정을 주제로 한 예술 공연과 퀴즈 대회, 영화 상영 등을 진행하니 관심이 있다면 참여해 보세요.

2 강원도립 화목원

information

주소 강원도 춘천시 화목원길 24
이용시간 하절기(3~10월) 09:00~18:00
동절기(11~2월) 09:00~17:00
매주 첫째주 월요일, 1월 1일,
명절 당일 휴무
입장료 성인 1,000원
청소년 700원
어린이 500원
문의 033-248-6685

1 전망대에서 본 강원도립화목원
2 화목원 내 조형물
3 사계식물원 입구
4 분수공원

강원도 산림개발연구원에서 관리하는 강원도립화목원은 식물 종을 보존하고 시민들에게 문화 공간을 제공할 목적으로 1999년에 개원했습니다. 이곳에서는 강원도에 자생하는 식물 자원을 비롯한 800여 종의 산림 자료를 전시하며 관련 연구를 진행합니다.

주요 시설로는 산림박물관, 사계식물원, 팔각정 등이 있으며, 잔디원, 분수공원, 어린이정원, 오감체험정원 등 9개의 주제원이 있습니다.

산림박물관에서는 씨앗, 곤충, 화석, 석재 등 자연을 테마로 한 여러 전시와 체험을 운영합니다. 또 약용·멸종위기식물자원 보존원에서는 황기, 당귀 등 150여 종의 약용 식물과 깽이풀, 개느삼 등 20여 종의 멸종위기 식물을 관찰할 수 있습니다.

사계식물원은 관엽식물원, 난대식물원, 생태관찰원 등으로 구성되어 있습니다. 유리온실로 지어져 계절에 구애 받지 않고 관람이 가능하며, 이곳의 하이라이트인 높이 12m의 내부 전망대에 오르면 수목원 전체를 한눈에 내려다볼 수 있습니다.

3

소양강댐

information	
주소	강원도 춘천시 신북읍 천전리 산73-18
이용 시간	정상길 10:00~17:00 물문화관 09:30~17:00
입장료	-
문의	소양강댐 033-242-2455 물문화관 033-259-7334

1 소양강댐 원경
2 소양강댐 제방

소양강은 우리나라 가요 〈소양강 처녀〉의 노랫말에 등장해 사람들에게 익숙한 강입니다. 강원도 인제군 서화면 무산에서 발원하여 춘천시 북쪽에서 북한강과 합류하는 소양강은 굽이치는 곳이 많고 평지가 거의 없는 것이 특징입니다.

소양강과 북한강이 만나는 지점에서 12km가량 떨어진 곳에 지어진 소양강댐은 저수, 홍수 조절, 수력 발전, 공업용수 공급 등 여러 가지 기능을 하는 다목적댐입니다. 소양강댐은 1967년에 건설을 시작하여 1973년에 완공됐습니다. 이 공사로 인해 춘천시, 양구군, 인제군에 속한 마을 4천여 세대가 이주했으며 2,700ha에 달하는 논밭이 수몰됐습니다.

소양강댐은 높이 123m, 길이 530m, 폭 530m로 총 저수량 29억 톤의 물을 가둘 수 있어 도심과 하류 지역의 홍수 피해를 저감하는 데에 도움을 줍니다. 또 연간 12억 톤의 생활·공업용수를 서울과 수도권 지역에 공급하고 있습니다. 소양강댐 발전소에서는 수력 발전을 이용해 10만 가구가 1년 치 사용할 수 있는 전력을 생산합니다.

춘천 _ 봄을 맞이하다 • 101

1 소양강댐 제방길
2 소양강처녀상
3 소양강댐 물문화관 외경
4 소양강댐 물문화관
  제1전시실 '물 한 방울의 힘'

소양강댐의 위를 걷는 정상길은 관광객들에게 개방되어 있습니다. 1km가 조금 넘는 이 길은 댐의 건너편 팔각정 전망대까지 왕복 40분 정도 소요되기 때문에 소양호의 아름다운 경관을 바라보며 가볍게 산책하기 좋습니다. 댐 정상에는 소양강처녀상, 소양강댐준공기념탑, 소양강댐순직자위령탑 등이 있어 찬찬히 살펴보며 소양강댐 건설 과정과 그 의의를 새겨 볼 수 있습니다.

소양강댐에 대해 더 깊이 알고 싶다면 제방 옆에 위치한 소양강댐 물문화관에 들르면 됩니다. 이곳은 소양강댐의 역할과 물 자원의 가치, 문화, 쓰임 등을 학습할 수 있도록 시민 누구에게나 열려 있습니다. 1층 워터라운지에서는 소양강과 소양강댐을 주제로 한 사진과 그림, 문학 작품 등이 전시되어 있고, 2층의 제1~2전시실은 물 한 방울의 소중함과 힘을 주제로 꾸며져 있습니다. 또 미니 수족관, 물레방아 발전 체험 등 아이들이 물과 친해질 수 있는 체험 공간도 마련되어 있습니다.

# 맞춤형 활동 자료

| 김유정의 삶과 문학 | 숲의 기능과 순환 | 세계의 댐 이야기 | 물과 우리의 삶 | 물 절약 프로젝트 |

→ 활동집 24~25p

 미리 보기

소설가 김유정은 탁월한 언어 감각과 따뜻한 휴머니즘이 담긴 작품으로 우리나라 문학사에 큰 획을 그은 인물입니다. 타고난 이야기꾼으로 회자되는 김유정은 특유의 유머와 풍자로 한국 소설의 새로운 영역을 개척했다는 평가를 받는데요. 김유정의 삶과 작품 세계를 만나 봅니다.

김유정의 생애

- **1908년** 강원도 춘천 실레마을에서 출생
- **1915년** 7세 때 어머니, 9세 때 아버지가 사망
- **1931년** 야학당을 통한 문맹 퇴치 운동에 매진
- **1933년** 폐결핵 발병. 잡지 《제일선》에 〈산골 나그네〉, 《신여성》에 〈총각과 맹꽁이〉를 발표하며 본격적으로 소설 집필 시작
- **1935년** 조선일보 신춘문예에서 〈소낙비〉, 조선중앙일보 신춘문예에서 〈노다지〉가 각각 당선되며 활발한 작품 활동. 구인회 후기 동인으로 참여
- **1937년** 경기도 광주 매형 집에서 요양 치료를 하던 중 사망

김유정의 작품 세계

웃음과 해학 강조

어수룩한 인물들의 우스운 말과 행동으로 웃음을 자아내며 현실을 해학적으로 묘사했습니다. 이러한 전개는 전통 마당극, 판소리처럼 대상의 결함과 비리를 풍자합니다.

일제의 수탈 고발

토지 조사 사업, 산미 증식 계획 등 일제의 식민 통치로 농촌 수탈이 극심해지는 시기에 현실의 부조리함과 궁핍함을 작품 속에 실감 나게 담아내며 식민지 상황을 고발했습니다.

농촌 현실 반영

산골이 고향이었던 만큼 농촌을 배경으로 한 작품이 많은데, 지주, 마름, 소작농의 모습과 이들의 갈등이 구체적으로 드러나 있어 당대 농촌 사회를 이해하는 데에 도움이 됩니다.

야생차의 고장,
화개골 이야기

하동은 우뚝 솟은 지리산과 맑고 푸른 섬진강이
굽이굽이 흐르는 모습이 아름다워 한국의 알프스라고 불립니다.

이곳은 섬진강과 화개천을 접하고 있어 습기가 많고,
밤낮의 기온 차이가 커 차나무 재배에 좋은 환경을 갖추고 있습니다.
이러한 조건 덕분에 고려 시대부터 차를 생산했으며,
조선 시대에는 왕실에 차를 공납하는 주요 고장이었는데요.
하동은 오늘날까지 전통 차의 품종을 유지하며,
느림의 미학이 담긴 한국 차 문화의 명맥을 이어오고 있습니다.

그런가 하면 화개면의 화개장터는 예로부터 영남과 호남의
다양한 먹거리와 물건이 교환되는 시장으로 이름을 떨쳤습니다.
최근에는 상시 개장되어 많은 관광객들을 반기고 있는데요.

야생차처럼 따스하고 은근한 매력이 우러나는 하동에서
찻잎에 담긴 이야기를 따라가 봅니다.

주요 키워드

#야생차 #다도 #특산품 #전통시장
#섬진강 #최치원 #쌍계사

4

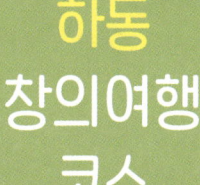

하동 창의여행 코스

이동 시간	이동 2회	약 34분
체험 시간	체험 2회	약 3시간
교 통 비	버스 1회	성인 1,250원 / 청소년 850원 / 어린이 600원

쌍계초등학교
쌍계사
하동야생차박물관
Tea Cultural Museum
2
하동야생차박물관
침전마을
신촌마을
도심마을
30분 / 6㎞
삼신녹차마을
화개천
가탄마을
백혜마을
법하마을
화개중학교
섬진강
화개장터
출발
화개공영버스터미널
1
화개장터
4분 / 210m

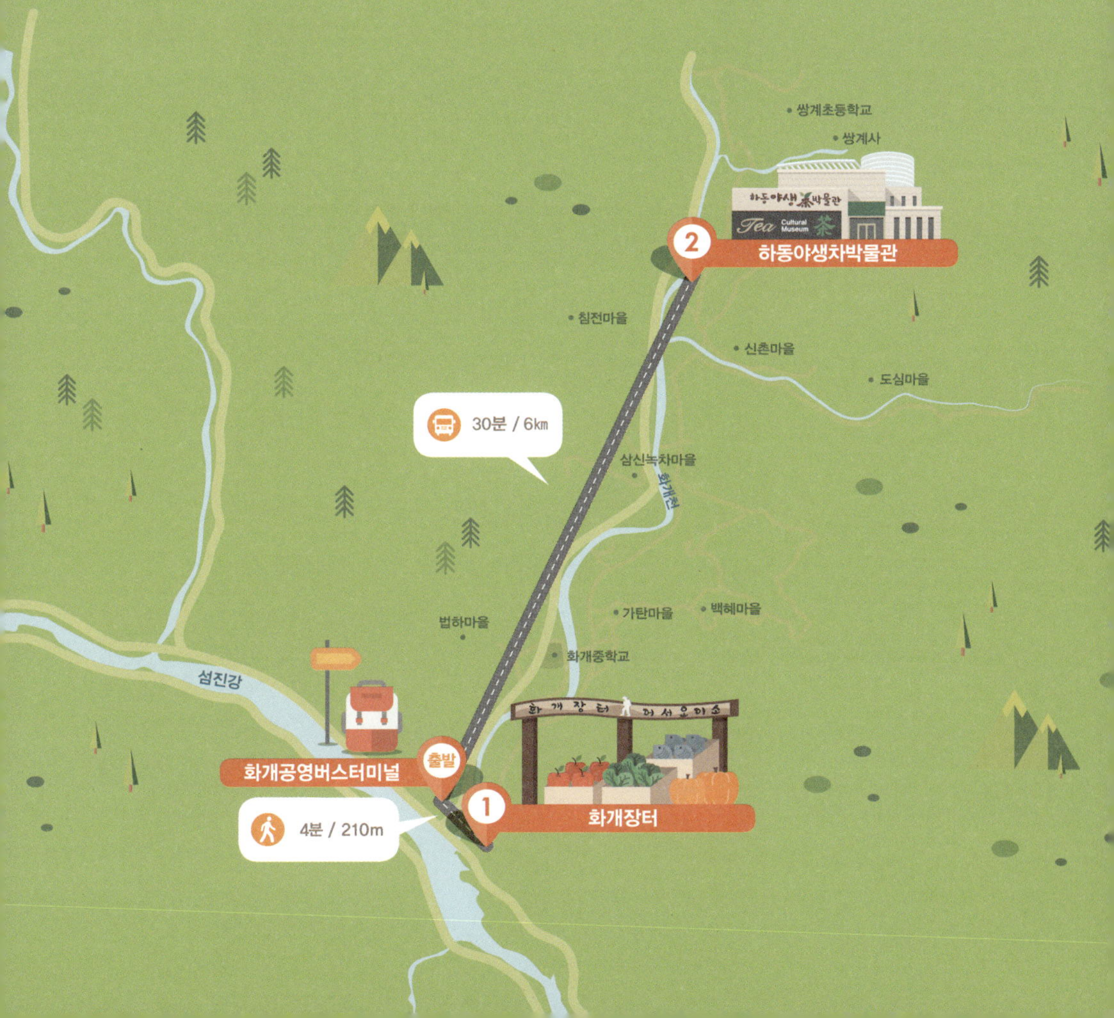

화개장터

Information

주소	경상남도 하동군 화개면 탑리 일대
이용시간	09:00~18:00(시기별로 상이) 연중무휴
입장료	-
문의	055-883-5722

1 화개장터 입구
2 조영남의 〈화개장터〉 노래비

화개장터는 하동군 화개면에 위치한 상설 시장으로 예로부터 경상도와 전라도 사람들이 모여들어 내륙에서 채취한 임산물과 농산물, 바다에서 수확한 해산물 등을 교환하는 장터였습니다. 하동은 섬진강을 사이에 두고 전라남도 구례군과 맞닿아 있는데, 화개면은 행정 구역상 경남 하동군이지만 하동 읍내보다 전남 구례 읍내와 더 가깝습니다.

이와 같은 지리적 특성 때문에 화개장터는 예로부터 영남과 호남의 화합의 장이었습니다. 지금도 이곳에서는 두 지역민들이 한곳에 섞여 각기 다른 사투리로 정겹게 대화하는 모습을 어렵지 않게 볼 수 있습니다.

전라도와 경상도를 가로지르는 섬진강 줄기 따라 화개장터엔
아랫마을 하동 사람 윗마을 구례 사람 닷새마다 어우러져 장을 펼치네
(중략)
광양에선 삐걱삐걱 나룻배 타고 산청에선 부릉부릉 버스를 타고
사투리 잡담에다 입씨름 흥정이 오손도손 왁자지껄 장을 펼치네
구경 한 번 와 보세요 오시면 모두 모두 이웃사촌
고운 정 미운 정 주고받는 경상도 전라도의 화개장터
- 조영남의 〈화개장터〉

화개장터는 가수 조영남의 노래 덕분에 더욱 유명해졌습니다. 1988년에 발표된 〈화개장터〉는 쉬운 노랫말과 신나는 리듬으로 국민적인 사랑을 받은 곡입니다. 이 노래는 1980년대 당시 심각한 사회 문제였던 지역감정을 조금이나마 해소했다는 평가를 받고 있습니다. 이런 까닭에 화개장터 중심부에는 조영남의 동상과 노래비가 놓여 있습니다.

이곳 장의 역사는 삼한 시대 때부터 이어져 온 것으로 알려져 있습니다. 조선 시대에는 객주가 끊임없이 드나들고 거래도 활발하여 전국에서 제일가는 시장 중 하나였습니다. 하지만 한국 전쟁으로 주변 지역이 황폐해지면서 장터도 함께 쇠락하고 말았습니다. 이후 4년간의 복원 작업을 거쳐 2001년, 상설 관광형 시장으로 다시 활기를 되찾게 됐습니다.

현재 화개장터는 한옥처럼 된 장옥과 난전, 좌판, 보따리 점포 등으로 구성되어 있습니다. 각 점포에서는 야생 녹차, 둥굴레차, 더덕, 오미자, 각종 한약재를 주로 취급합니다. 보리밥, 산나물 비빔밥, 참게탕, 재첩국, 은어회, 도토리묵 등 이곳에서 파는 토속적인 음식은 보는 것만으로도 군침을 돌게 합니다. 매년 벚꽃이 필 무렵 이 일대에서는 민속놀이 체험과 판소리 공연 등 다채로운 행사가 진행됩니다.

화개장터는 소설가 김동리의 대표작 〈역마〉의 배경이기도 합니다. 소설 속 이야기의 포문을 여는 장소로 등장하는 옥화주막은 하동군에서 재현하여 운영하고 있어 지금도 화개장터에서 만날 수 있습니다.

1 각종 약재
2~3 장옥
4 정자에서 바라본 화개장터 풍경

하동야생차 박물관

Information

주소	경상남도 하동군 화개면 쌍계로 571-25
이용시간	하절기(3~10월) 09:00~18:00 동절기(11~2월) 09:00~17:00 매주 월요일, 1월 1일, 명절 당일 휴무
입장료	-
문의	055-880-2956

1 하동야생차박물관 외경
2 다기 조형물
3 '왕의 차 하동차' 전시 코너
4 '세계의 야생차/다구' 코너

①

하동야생차박물관은 2003년에 문을 열었던 차문화전시관을 모태로, 하동의 특산물인 야생차의 우수성, 재배 방법, 재배 기구 등을 널리 홍보하고자 설립됐습니다.

전시관과 체험관으로 구성되어 있으며, 상설 전시실은 녹차 알아가기, 왕의 차 하동차, 하동녹차 세계화, 하동의 명인들, 세계의 야생차/다구, 최치원 선생과 하동 순으로 되어 있습니다.

우리가 즐겨 먹는 녹차의 제작 과정을 먼저 익히고 나면 조선 시대 왕실에 진상했을 정도로 유명했던 하동 녹차의 일화를 만화로 만날 수 있습니다. 특히 진상 행렬 장면은 소리와 영상을 다각도로 이용한 형태로 꾸며져 있어 생동감을 더합니다. 국가중요농업유산으로 지정된 하동 전통차 농업의 이해를 돕는 코너도 준비되어 있습니다.

②

③

④

"차를 마시면 오감이 즐겁다. 찻잔의 아름다운 연두색 찻물은 눈이 즐겁고, 은은하게 퍼지는 그윽한 향기는 코가 즐겁다. 인생의 맛 그대로를 담고 있는 차의 오미는 입이 즐거우며, 찻물 끓는 소리에 귀가 즐겁고, 찻잔의 부드러운 선과 손으로 전해지는 따뜻함은 손이 즐겁다."

1 우리나라의 차
2 여러 가지 찻잔
3 차 체험관
4 다례실
5 다기

차와 거리가 멀었던 사람들도 이곳을 둘러보고 나면 전시실 벽면에 있는 글귀처럼 오감을 만족시키는 차의 매력을 충분히 느낄 수 있습니다. 차를 생각하면 녹차만 떠올렸던 사람들도 전시대를 가득 채운 여러 가지 차의 다양함에 놀라기 일쑤입니다.

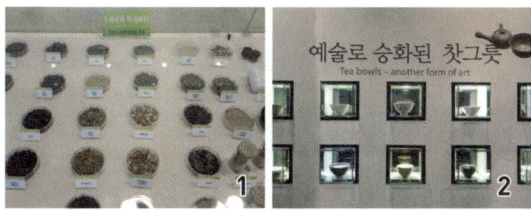

이어서 차의 종류만큼이나 다양한 다기도 구경할 수 있고, 시를 통해 하동에 대한 애정을 뽐냈던 고운 최치원 선생의 생애와 작품도 만날 수 있습니다.

하동야생차박물관은 차 전문 시설답게 관련 체험장도 두루 갖추고 있습니다. 차 체험관 2층 체험실에서는 솥에 찐 찻잎을 절구로 찧고 다시 덩이차로 만드는 '돈차 체험'과 달궈진 솥에 찻잎을 덖고 비비는 '덖음 체험'을 할 수 있습니다. 또 3층 다례실에서는 인성 교육의 일환으로도 각광 받는 다례 체험이 가능합니다. 전문 다기 세트를 이용해 느림의 미학을 느끼며 차를 마시고, 차로 상대방을 배려하는 법을 배우면 좋습니다.

어린잎이 가장 좋을 때인 5월부터 7월까지는 야외 '찻잎 따기 체험'도 진행합니다. 지리산을 배경으로 드넓게 펼쳐진 차밭에서 직접 찻잎을 채취하고, 기념사진을 촬영하며 잊지 못할 추억을 남길 수 있습니다.

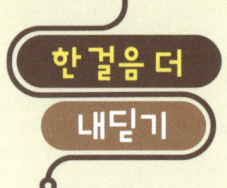

○ 쌍계사 차나무 시배지 ○

경상남도 하동군 화개면 운수리 일대

쌍계사에서 소유하고 관리하는 이곳은 우리나라 차 역사의 시작점과 같습니다. 통일 신라 시대 흥덕왕 때 당나라의 사신으로 갔던 김대렴은 차나무의 종자를 가지고 들어왔고, 왕명에 따라 지리산 자락에 위치한 이곳에 씨앗을 심었습니다. 지금도 쌍계사를 지나는 기슭에는 작설차로 불리는 야생차나무밭이 12km가량 펼쳐져 있는데, 현재 경상남도 기념물로 지정해 보호하고 있습니다.

○ 도심다원 ○

경상남도 하동군 화개면 정금리 523

도심다원은 우리나라에서 가장 크고 오래된 차나무를 보유하고 있는 곳입니다. 다원의 중상부에 생육하는 이 나무는 높이 4m, 둘레 50cm, 지름 15cm 정도로 수령은 1백 년에서 1천 년 사이로 추정됩니다. 1960년대에 차밭을 새롭게 조성하는 과정에서도 큰 손상 없이 잘 보존되어 지금까지 자리를 지키고 있습니다. 대대로 차 농사를 짓는 이곳은 지금도 전통 방식 그대로 수제 차를 생산합니다. 매년 5월, 차의 날에는 헌다례 등 차를 테마로 한 행사도 개최됩니다.

| 차를 만나는 과정 | 우리나라 차의 역사와 하동 차의 명성 | 세계의 차 생산 | 내가 만드는 야생 차 문화 축제 | 지역 특산품 알리기 |

활동집 26~27p

 **미리 보기**

오랜 시간 인류와 함께해 온 차는 우리의 정신을 맑게해 주고, 몸을 이완시키는 데에 탁월한 효과가 있습니다. 맑디맑은 차를 우려내기 위해서는 찻잎을 따는 것부터 덖고 건조하기까지 엄청난 정성이 들어가는데요. 한 잔의 차를 만드는 과정을 따라가 보며 그 안에 담긴 시간과 노력을 헤아려 봅니다.

찻잎 따기, 고르기
찻잎은 햇살과 그늘이 조화로운 곳에서 자라는 것이 가장 싱싱합니다. 이렇게 기른 찻잎은 보통 4월 하순부터 5월 하순까지 채취합니다. 오전 중에 딴 밤이슬을 머금은 여린 잎 한두 마디를 최상품으로 여기고, 흐리거나 비 올 때는 따지 않습니다.

덖기
그날 따온 찻잎을 멍석에 깔고 잘 가려낸 다음, 달궈진 솥에 적당량을 넣고 빠른 시간 안에 덖습니다. 찻잎을 덖으면 맛이 더 구수해지고 향기가 좋아질 뿐만 아니라, 수분이 제거되어 찻잎이 부패되거나 변질되는 것을 방지할 수 있습니다.

비비기
잘 덖은 찻잎은 열기를 없애고 차의 성분이 배어들도록 멍석에서 비벼 줍니다. 비비기 작업은 찻잎 표면의 막을 제거하거나 상처를 내어 찻잎의 성분이 물에 쉽게 우러나게 하기 위한 것입니다. 또 비비기는 찻잎의 건조를 촉진시키는 작용도 합니다.

건조하기
건조의 앞 수순으로 멍석에서 비빈 찻잎이 각각의 순이 되도록 분리합니다. 전통적인 방법으로 차를 건조할 때는 온돌방에서 한지를 깔고 말리거나 선반에서 자연 건조합니다.

끝 덖기
마지막 열처리를 하는 과정입니다. 비교적 낮은 온도에서 충분히 덖는 것이 좋은데, 이 과정이 차 맛에 큰 영향을 미칩니다. 덖기가 잘 된 차는 빛깔과 향기가 아름답습니다. 또 싱그러우면서 달고, 특유의 쌉싸래한 맛이 잘 나타납니다.

반짝반짝

여행은 평범한 순간들 속에서 '반짝'하고 빛나는 것들을
발견하고 기억하는 경험이라고 해요.

그 반짝거림의 존재가 역사가 깃든 문화재가 될 수도,
마음을 담은 예술이 될 수도,
축적된 시간이 만든 기술과 제도가 될 수도 있죠.

숨겨진 보석처럼
오늘의 여러분을 반짝거리게 만든 그곳은 어디인가요?

청주 — 직지
원주 — 예술
광명 — 동굴
세종 — 행정

금속 활자 직지, 문화를 찍어 내다

청주

《직지심체요절》은 현존하는 금속 활자 인쇄본 중 가장 오래된 책으로
고려 우왕 때인 1377년, 청주 흥덕사에서 간행됐습니다.
이 서적은 서양 최초의 금속 활자 인쇄본인 독일 구텐베르크의
《42행 성서》보다 무려 78년이나 먼저 제작된 것인데요.
이는 우리나라 금속 활자의 발명이
그 어느 나라보다 앞서 있었다는 사실을 보여 줍니다.

문화 강국 고려가 꽃피운 금속 활자 인쇄술은
다양한 서적의 보급을 가능케하여
당대 지식의 공유에도 큰 영향을 미쳤습니다.
《직지심체요절》은 인류 역사와 문명 발전에 공헌한 가치를 인정받아
2001년 9월, 유네스코 세계 기록 유산에 등재되기도 했는데요.

금속 활자의 발상지, 청주에서
우리가 지켜야 할 자랑스러운 문화유산 《직지》를 알아봅니다.

주요 키워드

#직지 #금속활자 #인쇄술
#구텐베르크 #문화유산 #책

근현대인쇄
전시관

information

주소	충청북도 청주시 흥덕구 흥덕로 104
이용 시간	09:00~18:00 1월 1일, 명절 당일은 14:00 마감 매주 월요일 휴관
입장료	-
문의	043-201-4285

1 근현대 인쇄 문화 발달사
2 각종 인쇄 기기

근현대인쇄전시관은 한국 근대 인쇄술의 발전사를 전시하고 각종 인쇄 체험을 해 볼 수 있는 문화 공간입니다. 전시는 근현대 인쇄 문화 발달사, 근현대 인쇄기 발달사, 현대와 미래의 인쇄, 영상실 순으로 구성되어 있습니다.

우리나라는 1883년 박문국을 설치하면서부터 본격적으로 서양의 납 활자 인쇄 기술을 도입했습니다. 이곳에는 근대 인쇄술 도입 초기에 찍어 낸 서적들이 전시되어 있는데, 국민 계몽을 위해 일간으로 발행했던 《황성신문》, 미국인 선교사 헐버트의 세계 지리서 《사민필지》, 주시경이 저술한 국어 문법책 《조선어 문법》이 대표적인 전시품입니다.

납 활자 인쇄술의 역사를 이해한 뒤에는 세벌식 타자기, 1990년대 이전까지 널리 쓰였던 청타기 등 여러 소형 기계를 살펴볼 수 있습니다. 또 인쇄할 때 단계별로 사용되는 기기들을 통해 납 활자가 하나의 서적으로 만들어지는 과정을 둘러볼 수 있습니다.

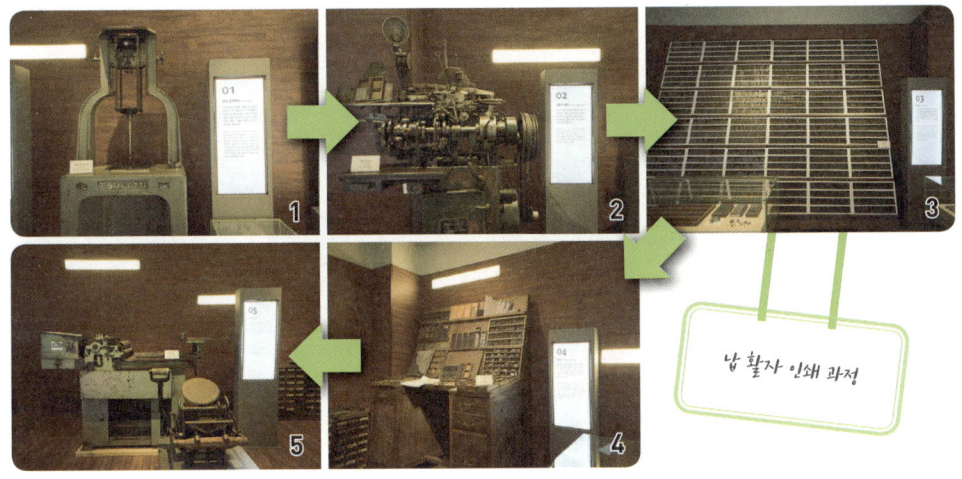

납 활자 인쇄 과정

인쇄는 자모조각기를 이용해 금속에 한글 자모의 틀을 새기는 것부터 시작됩니다. 다음으로 활자주조기에서 활자를 찍어 내는데, 납합금 용액을 주형에 부어서 같은 모양의 활자를 제작합니다. 이렇게 탄생한 납 활자를 커다란 작업대인 문선대 위에서 규칙에 따라 나열하고, 조판대에서 인쇄할 원고에 맞는 조판 작업을 한 뒤 여러 번의 교정을 거쳐 최종 인쇄를 하면 하나의 결과물이 탄생합니다.

전시 뒷부분에서는 요즈음 널리 쓰이는 오프셋 인쇄부터 3D 프린터까지 차세대 인쇄 기술도 엿볼 수 있습니다. 근현대인쇄전시관에서는 예약을 통해 주 4회 체험을 제공하고 있습니다. 한지로 하는 납 활자 인쇄, 시전지를 이용한 목판 인쇄, 머그잔에 하는 전사 인쇄 등 다양한 프로그램을 원하는 누구나 무료로 즐길 수 있어 인쇄술과 더욱 가까워지는 데에 도움이 됩니다.

1 자모조각기
2 활자주조기
3 문선대
4 조판대
5 활판교정기
6 3D 프린터

재우쌤의 Tip!

인쇄 체험 시 아이들이 글자의 좌우가 뒤집힌 활자를 정렬하는 것을 어려워할 수 있으니 옆에서 잘 지도해 주세요. 또 활자를 찍어 낼 때 손이나 옷이 기계 틈 사이에 끼지 않도록 주의해 주세요.

청주 _ 금속 활자 직지, 문화를 찍어 내다

흥덕사지

information

주소	충청북도 청주시 흥덕구 직지대로 713
이용시간	연중무휴
입장료	-
문의	043-201-4266

1 흥덕사지 전경
2 금당 내 불상
3 흥덕사지 삼층 석탑
4 청주 운천동 출토 동종의 복원본

1

2

3

흥덕사는 통일 신라 시대의 사찰로 9세기경 조성되어 15세기 무렵에 허물어진 것으로 추정됩니다. 이곳은 문헌상으로만 존재가 전해질 뿐 그 위치는 확인되지 않았다가 1985년에 실시된 조사를 통해 세상에 알려지게 됐습니다. 흥덕사지에서는 금당, 서회랑, 강당, 탑 등 부속 건축물의 터가 발견됐으며 민무늬토기편, 치미편, 금구, 향로, 수반 등 각종 유물도 출토됐습니다.

이 과정에서 발굴된 청동 금구 속 글귀를 통해 흥덕사가 금속 활자로 찍어낸 세계 최초의 서적 《직지심체요절》의 탄생지라는 사실도 밝혀졌습니다. 《직지심체요절》은 고려 공민왕 때 백운 화상이라는 승려가 선불교에서 전해 내려오는 이야기를 엮어 만든 책이었는데, 이 책이 흥덕사에서 인쇄된 것이 입증된 것입니다. 흥덕사지는 이러한 역사적 가치를 지닌 사찰로서 현재 사적으로 지정되어 있습니다.

흥덕사지에는 복원된 금당과 삼층 석탑만 남아 오늘날까지 관리되고 있습니다. 이곳에서는 보물로 지정된 '청주 운천동 출토 동종'의 복원본을 볼 수 있는데, 이 종은 형태와 문양으로 미루어 통일 신라 후기의 것으로 추정되고 있습니다.

4

청주고인쇄박물관

information

주소	충청북도 청주시 흥덕구 직지대로 713
이용시간	09:00~18:00 1월 1일, 명절 당일은 14:00 마감 매주 월요일 휴관
입장료	-
문의	043-201-4266

흥덕사지 옆 청주고인쇄박물관은 우리 선조들이 개척한 인쇄 문화의 우수성을 널리 알리기 위해 설립됐습니다. 이곳은 여러 고서, 흥덕사지 출토 유물, 인쇄 기구 등 인쇄와 관련된 수백 점의 유물을 소장하고 있습니다.

제1전시관은 세계 최고의 금속 활자본이자 세계 기록 유산인 《직지》의 가치와 고려 금속 활자를 알아보는 공간으로 꾸며져 있습니다. 전시의 시작과 함께 웅장한 규모의 '직지 금속 활자 복원판'이 눈에 띕니다. 국가 무형 문화재로 지정된 임인호 금속 활자장이 복원한 이 《직지》는 전통의 밀랍 주조법으로 만든 3만여 개의 금속 활자를 책의 형태로 조판한 것입니다. 《직지》 목판본을 참고하여 현존하는 하권뿐만 아니라 사라진 상권까지 표현했기 때문에 그 의미가 더욱 깊습니다.

1 청주고인쇄박물관 입구
2 《직지》 유네스코 기념 조형물
3 '유네스코 직지상' 설명
4 《직지》 금속 활자 복원판

1 주물사를 이용한 금속 활자 주조
2 금속 활자로 인쇄하는 모습
3 《동국이상국집》과 활자판
4 《직지》 복제본

이어지는 구간에서는 청주의 문화 속에서 《직지》가 탄생하게 된 계기, 한국의 문화재 《직지》가 프랑스로 건너가게 된 과정, 흥덕사지 발굴 과정과 출토 유물 등이 관련 영상과 같이 설명되어 있습니다. 이곳에는 고려 시대에 이규보가 엮은 《동국이상국집》과 책 간행에 사용된 활자판을 복원한 작품도 전시되어 있습니다.

또 '활자로 태어난 직지', '영원히 빛날 직지' 전시 코너에서는 인터랙티브 월과 3D 홀로그램 등 미디어 기술로 구현한 《직지》의 새로운 모습을 만날 수 있습니다.

제2전시관은 고려의 목판 인쇄술부터 19세기 말까지 우리나라 전통 인쇄 문화 전반을 소개합니다. '고려 시대' 구간에서는 고려 시대의 목판 인쇄와 관련된 각종 고서와 복원 유물을 전시하고 있습니다. 또 《직지》를 우리나라에 소개한 박병선 박사의 일대기도 볼 수 있습니다. '조선 시대' 구간에서는 금속 활자, 목판, 목활자 등 다양한 방식으로 인쇄를 진행했던 조선 시대의 여러 고서와 주자소의 모습도 엿볼 수 있습니다. 제3전시관에서는 동서양의 옛 인쇄 문화가 한눈에 펼쳐집니다. 이곳에서는 일본, 중국의 인쇄 문화와 더불어 구텐베르크의 《42행 성서》로 대변되는 유럽의 인쇄 문화를 만날 수 있습니다.

박물관에서 꼭 들러야 하는 직지 디지털 실감 영상관에서는 손으로 기록하는 '증강 현실 인터랙션', 몸으로 기록하는 '모션 인식 인터랙션', 활자 미디어 아트 등 다양한 콘텐츠를 실감 나게 접할 수 있습니다.

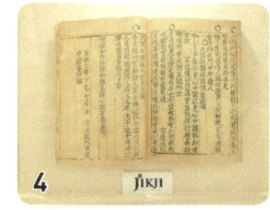

맞춤형 활동 자료

| 세계의 인쇄술 | 활자와 관련된 인물 | 《직지》를 위한 우리의 노력 | 지우개로 활자 체험하기 |

활동집 28~29p

미리 보기

인쇄는 문자, 그림, 사진 등을 종이나 천 따위에 찍어서 여러 개의 복제물을 만드는 것입니다. 인쇄 기술이 발명되기 전까지는 하나의 기록물을 만들기 위해 사람이 일일이 다 써야 했기 때문에 시간과 노력이 많이 들었는데요. 사회 다방면에서 큰 변화를 이끈 세계 인쇄술의 역사를 알아봅니다.

한국

신라의 목판 인쇄술을 이어받은 고려는 불교의 이념과 체제 정비의 수단으로서 인쇄술을 발전시켰습니다. 《무구정광대다라니경》을 비롯한 불경, 대장경 제작을 국가 주요 사업으로 진행하고, 금속 활자를 사용한 서적 간행도 시작하면서 고유의 인쇄 문화를 꽃피웠습니다. 공양왕 때는 '서적원'이라는 전문 인쇄 기관을 두어 활자를 주조하고 인쇄하는 여러 업무를 전담시켰습니다.

독일

1450년경 독일의 구텐베르크는 기존의 활판 인쇄술을 반전시켜 연활자를 주조하는 데에 성공했습니다. 활자로 조판한 그는 포도주를 짤 때 쓰는 압착기를 응용하여 만든 '평압식 인쇄기'로 《성서》를 찍어냈는데, 이것이 인쇄기를 이용한 최초의 볼록판 인쇄였습니다. 이러한 근대 인쇄술은 여러 산업 기술의 보급은 물론 종교 개혁의 기반이 됐습니다.

영국

영국의 정치가이자 과학자였던 스탠호프는 구텐베르크의 목제 인쇄기를 대신할 수 있는 철제 인쇄기를 1803년에 처음 도입한 인물입니다. 나사 회전 방식을 레버식으로 바꾼 그의 인쇄기는 인쇄의 질과 능률을 크게 향상시켰습니다. 이듬해에는 석고를 이용하여 인쇄할 페이지 전체의 활자판과 그림을 제작하는 주형 기법을 개발하여 인쇄 시장에 혁신적인 변화를 불러왔습니다.

중국

중국 최초의 인쇄술은 조각한 판재에 종이를 찍어 내는 목판 인쇄였으며, 점차 조판 인쇄에서 활판 인쇄로 발전했습니다. 조판 인쇄는 불경, 역법 등의 서적 인쇄에 사용됐으나 글자들이 고정되어 있어 효율적이지 못했습니다. 북송 시대에 점토와 아교를 섞은 활자판이 발명되기도 했으며, 원나라 때 나무 활자가 개발된 이후 명나라에 이르러 주석, 구리, 납 등을 재료로 하는 금속 활자가 사용됐습니다.

황금 광산의 재탄생

경기도 중서부에 위치한 광명은 지하철과 고속 철도가 연결되어 있어
수도권은 물론이고 지방과도 접근성이 뛰어납니다.
풍부한 볼거리로 해마다 많은 관광객들이 찾아 오는 이곳은
특히 쓸모를 다한 곳에 새로운 의미를 입힌 공간들로
큰 인기를 끌고 있습니다.

수도권 유일의 동굴이라 불리는 '광명동굴'은
자연적으로 형성되는 천연 동굴과 달리 폐광 후 창고로 쓰이던 동굴을
테마파크 형태로 재조성한 인공 동굴인데요.
일제의 자원 수탈의 역사가 스민 동굴을
시민들의 문화·관광 명소로 탈바꿈한 것에 그 의의가 깊습니다.

또 '광명업사이클아트센터'는 과거 광명시 자원회수시설 홍보관을
리모델링한 공간으로 개관 이래 지역 예술인들에게
꾸준한 관심을 받고 있습니다.

새로운 문화를 창조해 나가는 광명으로 떠나
자원의 가치를 재발견해 봅니다.

주요 키워드

#재생공간 #업사이클 #동굴
#광산 #경제수탈 #자원순환

4 광명 창의여행 코스

이동 시간	이동 2회	약 37분
체험 시간	체험 2회	약 3시간
교 통 비	버스 1회	성인 1,500원 / 청소년 1,100원 / 어린이 800원

광명
업사이클
아트센터

information

주소	경기도 광명시 가학로 85번길 142
이용시간	10:00~18:00 매주 월요일 휴관
입장료	–
문의	02-2680-2086

1 광명업사이클아트센터 외관
2 에코에듀센터 외관

업사이클이란 '업그레이드(Upgrade)'와 '리사이클(Recycle)'의 합성어로 버려지는 물건에 예술적 가치를 더하여 새로운 작품이나 상품으로 재탄생시키는 것을 말합니다. 광명업사이클아트센터는 국내에서는 최초로 개관한 업사이클 센터입니다. 2014년 문화체육관광부의 문화재생사업 공모에 선정되어 원래 광명시 자원회수시설의 홍보관으로 쓰였던 곳을 새롭게 조성했고, 디자인 전용 교육장인 에코 에듀센터를 신축하여 2015년 6월부터 문을 열었습니다.

세계적인 주목을 받는 건축가 로랑 페레이라가 디자인에 참여한 이 건물은 시민들의 교육 공간, 작품의 전시 공간, 작가들의 창작 공간을 아우르고 있습니다. 아트센터는 크게 전시나 공연을 진행하는 1층과 입주 작가들이 작품을 창작하는 2층으로 나누어져 있는데, 1층 전시실에서는 환경을 소재로 한 다양한 전시를 선보입니다.

이곳에서는 업사이클의 예술적 시도를 담은 개관전을 시작으로 와인병의 진화, 토이스토리, 페트병의 위대한 탄생, 업사이클 동물원 등 이름부터 특색 있는 여러 전시를 진행했습니다. 전시를 통해 공개되는 업사이클 작품들은 그 모양도, 규모도 제각각이지만, 지속 가능한 세상을 바라는 메시지만큼은 일관되게 담겨 있습니다.

아트센터에서는 예술가 지원의 일환으로 매년 이곳에 입주하여 창작 활동을 펼치는 작가들을 위한 특별 전시를 개최하기도 합니다. 2층은 입주 작가들이 작품을 창작하는 레지던시와 커뮤니티룸으로 구성되어 있습니다.

광명업사이클아트센터에서는 폐품을 이용해 업사이클이라는 개념을 맛볼 수 있는 프로그램을 진행합니다. 또 청소년들이 지속 가능한 건축에 대해 배워 보는 '에코건축학교'와 직접 만든 업사이클 악기로 공연을 선보일 수 있는 '리플레이메이커'도 운영하고 있습니다. 야외 공간에서는 버려진 물건들을 모아 만든 독특한 업사이클 조형물들도 감상할 수 있습니다.

1 플라스틱으로 만든 'Plastic Green'
2 야쿠르트병으로 만든 '끝없는 나무'
3 와인병으로 만든 '와인다발'
4 관객이 참여할 수 있는 작품 '마스크'
5 폐차의 사이드미러로 만든 '원스'

재우쌤의 Tip!

전시를 깊이 있게 관람하고 싶다면 전시 해설 시간에 맞춰 방문해 보세요. 전문 해설사의 작품 해설은 매일 4회씩 오전 11시, 오후 1시 30분, 2시 30분, 3시 30분에 진행되며 별도의 예약 없이 누구나 들을 수 있습니다. 10명 이상의 단체로 전시 해설을 듣고 싶다면 최소 3일 전에는 예약해 주세요.

광명동굴

Information

주소	경기도 광명시 가학로 85번길 142
이용시간	09:00~18:00 매주 월요일 휴무
입장료	성인 6,000원 청소년 3,500원 어린이 2,000원
문의	070-4277-8902

1 광명동굴 내부
2 빛의 공간
3 동굴 식물원
4 황금패 소망의 벽

1912년, 일제 강점기 자원 수탈을 목적으로 개발된 광명동굴은 일제의 강제 노역과 자원 수탈의 현장이자 해방 이후 근대 산업화의 흔적을 간직한 유산입니다. 당시 가학광산 또는 시흥광산으로 불렸던 이곳은 500여 명의 광부가 근무하는 수도권 최대의 금속 광산이었습니다. 1972년까지도 금, 은, 동, 아연 등을 채굴했지만 홍수로 인한 환경 오염, 보상 문제와 같은 갖은 문제로 결국 폐광되어 40여 년간 새우젓을 보관하는 창고로 사용됐습니다.

2011년, 광명시는 이곳을 매입하여 문화 관광지로 개발하기 시작했습니다. 시민들이 살아 있는 산업 현장을 체험하고 빛과 어둠을 통한 각종 문화·예술을 즐길 수 있도록 새로운 공간으로 변화시킨 것입니다. 이러한 노력으로 재단장한 광명동굴은 연간 100만 명 이상이 방문하는 우리나라 대표 관광지로 자리매김했습니다.

1~2 근대역사관 광부 조형물
3 동굴 예술의 전당의 미디어 파사드 쇼

재우쌤의 Tip!

동굴의 실내 온도는 연중 12℃ 정도로 유지되기 때문에 긴소매 옷을 입는 것이 좋습니다. 또 습기가 많아 미끄러질 수 있으니 운동화를 착용해 주세요. 출입 금지 구역에는 임의로 출입하는 일이 절대 없도록 합니다. 공간이 어둡고 이동 통로가 좁기 때문에 단체로 방문했다면 모둠을 나눈 뒤 순서별로 이동하는 것을 추천합니다.

총 깊이가 275m에 이르는 광명동굴에는 웜홀 광장, 동굴 아쿠아 월드, 동굴 식물원, 와인동굴을 비롯한 10여 개의 테마관이 조성되어 있습니다.

그중 근대역사관은 일제 강점기 징용과 수탈의 역사를 보여 주고 해방 이후 산업화 과정에서 자원 공급을 도맡았던 광명동굴의 역사적 가치를 재조명하는 곳입니다. 영상, 음악 등의 첨단 연출 기법으로 당시 광부의 작업 현장을 잘 재현해 놓아 그들의 고된 노동을 잠시나마 헤아려 볼 수 있습니다.

동굴 내에는 다양한 장소와 조형물이 있는데, 지하 암반수로 가득 찬 '동굴지하호수', 신비의 용인 '동굴의 제왕', 문을 통과하면 늙지 않는다는 '불로문(不老門)' 등이 있습니다. 또 대한민국에서 유일하게 동굴에 조성된 공연장이자 350석 규모의 객석을 자랑하는 '동굴 예술의 전당'은 광명동굴을 찾는다면 꼭 한 번 찾아가 볼만 합니다.

디지털 VR 광산 체험관, LED 미디어 타워 등 어두운 동굴 내부에 첨단 미디어 기술을 결합시킨 프로그램도 마련되어 있습니다.

한걸음 더 내딛기

광명시 자원회수시설

광명업사이클아트센터 옆에 자리한 광명시 자원회수시설은 지역에서 양산된 생활 쓰레기를 소각 처리하고 이 과정에서 발생하는 소각열을 지역난방용 에너지로 회수하는 역할을 합니다. 분홍색 바탕에 흰색 구름을 그려 넣은 독특한 외관은 혐오 시설에 대한 사람들의 인식을 전환하기 위해 열정과 희망이라는 메시지를 담아 특별히 디자인한 것입니다.

이 건물에는 환경과 자원의 순환에 관한 이야기를 테마별로 만나 볼 수 있는 홍보관이 마련되어 있습니다. 우리가 버린 쓰레기가 소각 시설에서 처리되는 과정을 살펴보고, 생활 속 쓰레기를 줄이는 방법을 학습할 수 있습니다. 나아가 인류가 직면한 환경 문제와 자원 재활용의 필요성에 대해서도 고민하는 시간을 가질 수 있습니다.

맞춤형 활동 자료

| 생활 자원과 재활용 이야기 | 숫자로 알아보는 광명동굴 | 자원 개발과 관련된 직업 | 광명동굴에서 광산 흔적 찾기 | 업사이클 공모전 도전하기 |

활동집 30~31p

미리 보기

재활용이란 사용하지 않거나 버리는 물건을 다양한 방법으로 다시 사용하는 것을 말합니다. 1980년 말 이후 지구 황폐화의 주범으로 쓰레기가 지목되면서 재활용의 필요성 또한 부각되기 시작했습니다. 환경을 살리는 자원 재활용과 그 방법에 대해 살펴봅니다.

생활 자원의 재활용

땅에 묻은 쓰레기가 썩어 없어지려면 오랜 시간이 걸립니다. 비닐봉지는 100년 이상, 페트병은 500년까지 소요된다고 합니다. 하지만 쓰레기를 깨끗한 상태로 분리 배출만 잘 한다면 절반 가까이 재활용할 수 있습니다. 재활용은 자원 절약, 쓰레기 처리량의 감소는 물론이고 에너지 절약과 환경 오염 방지에도 큰 도움을 줍니다. 우리나라는 환경 보전을 위해 정부 차원에서 생산, 유통, 소비 단계마다 폐기물의 배출을 억제하고, 재생품의 이용을 추진하고 있습니다. 재활용이 가능한 품목에는 투명 페트병, 비닐, 종이류, 캔과 고철류, 유리병류, 플라스틱류, 스티로폼류 등이 있습니다.

국가별 생활 폐기물 재활용률
- 독일 67%
- 한국 62%
- 네덜란드 56%
- 이탈리아 55%
- 호주 46%

분리 배출의 핵심 4가지

비운다
용기 안의 내용물을 모두 비웁니다.

헹군다
음식물을 담았던 용기를 물로 헹굽니다.

분리한다
라벨 등 다른 재질의 부착물을 분리합니다.

섞지 않는다
종류별, 재질별로 용품을 모아서 배출합니다.

원주

예술적 감성을 키우다

사람은 경험하고 느낀 것들을 표출하고자 하는 본능을 가지고 있습니다.
이렇게 탄생한 예술은 다시 우리의 영혼과 세상을 풍요롭게 해 주는데요.

강원도 원주는 자연의 품 안에서 이러한 문화와 예술을
오롯이 느낄 수 있는 도시입니다.
이곳은 과거에 문화 불모지로도 불렸지만, 소설가 박경리가 뿌리내린
문학 정신을 이어받아 예술적 위상을 높여 나갔습니다.
2019년에 원주는 유네스코 문학 창의도시와
국내 법정 문화도시로 선정되기도 했습니다.

이후 민간 주도의 다양한 풀뿌리 문화 운동이 더해지며
이곳은 고유의 색깔을 지닌 문화·예술의 고장으로 거듭났습니다.
덕분에 원주에는 문학 작품뿐 아니라 미술, 음악, 건축 등
다양한 예술 작품을 감상할 수 있는 장소가 많은데요.

걸음마다 눈길을 사로잡는 원주로 떠나
우리 안에 잠자고 있던 오감을 깨워 봅니다.

주요 키워드 🔍

#예술가 #건축 #전통시장 #박경리
#제임스터렐 #안도다다오 #미술

원주 창의여행 코스

이동 시간	이동 2회	약 52분
체험 시간	체험 2회	약 3시간
교통비	버스 1회	성인 1,400원 / 청소년 1,120원 / 어린이 700원
	택시 1회	약 16,700원

미로예술 원주 중앙시장

information
- 주소: 강원도 원주시 중앙시장길 6
- 이용시간: 10:00~20:00 업체마다 운영 시간 및 휴무일 상이
- 입장료: -
- 문의: 033-743-2570

1 미로예술 원주중앙시장 현판
2 시장 입구
3 시장 내부

원주중앙시장은 1950년대 원주 중앙동 일대의 오일장으로 출발했습니다. 수도권과 강원도를 잇는 영동고속도로가 개통된 이후 이곳에는 콘크리트 상가 건물과 다양한 점포가 들어섰고, 원주시의 상권을 주도하는 시장으로서 호황을 누렸습니다. 하지만 1992년에 발생한 대형 화재와 더불어 IMF 경제 위기까지 겹치며 오랜 시간 침체기를 겪어야만 했습니다.

이곳에 새바람이 불기 시작한 것은 2013년, 문화·예술 지원 사업이 진행되면서부터였습니다. 지역 문화 재단과 상인들의 노력에 청년 창업가들의 신선함이 더해지며 시장은 모두에게 열린 문화·예술 공간으로 탈바꿈했습니다. '미로예술'이라는 별칭도 이때부터 붙게 됐습니다.

상가 건물로 이어지는 입구를 통해 2층으로 올라가면 여러 점포와 식당, 공방이 미로처럼 얽힌 공간이 나타납니다. 1970년대의 콘크리트 슬래브를 그대로 살린 내부에는 젊은 사장님들의 아이디어가 돋보이는 공방들과 전통이 살아 숨 쉬는 노포들이 공존하고 있습니다. 세월의 흔적이 느껴지는 벽에는 옛날 원주중앙시장의 사진이 달려 있습니다.

잠시 길을 잃어도 다시 큰길을 만나게 되는 것이 이곳만의 매력입니다. 좁은 골목을 따라 걷다 보면 미술관을 방불케 할 만큼 다양한 작품과 포토존을 만날 수 있습니다. 골목미술관이라고 부르는 이 구역에는 지역 예술가들의 개성 넘치는 조형물이 즐비합니다. 골목미술관 구역 외에도 길을 따라 아이들이 고사리손으로 만든 귀여운 그림부터 장인의 손때 묻은 작품까지 둘러보는 재미가 쏠쏠합니다.

1~3 상가 건물 내부
4 미로예술 원주중앙시장 마스코트 '미로와 모리'

2층은 중앙 광장을 기준으로 가~라 4개의 동으로 나누어져 있으며 동마다 조금씩 성격이 다릅니다. 가동에는 의상실, 양복집 등 옛날부터 시장에 터를 이루었던 오래된 가게들이 몰려 있으며, 다동에는 반지 공방, 뜨개질 공방 등 체험 공간이 주를 이룹니다. 라동에는 손맛 가득한 음식점이 몰려 있습니다. 안타깝게도 나동의 일부 상가는 2019년에 발생한 화재로 인해 현재 영업이 중단된 상태입니다.

건물과 건물을 잇는 통로에는 앉아서 쉴 수 있는 공간, 땅따먹기 놀이를 할 수 있는 공간도 마련되어 있습니다. 이곳에서는 시기별로 프리마켓도 개최합니다.

뮤지엄 산

information

주소 강원도 원주시 지정면 오크밸리 2길 260

이용시간 10:00~18:00
매주 월요일 휴관

입장료 뮤지엄 산 통합권
성인 40,000원
청소년·어린이 28,000원
뮤지엄 산 기본권
성인 19,000원
청소년·어린이 11,000원

문의 033-730-9000

1 뮤지엄 산 입구
2 플라워가든

해발 275m 구룡산 정상에 위치한 뮤지엄 산은 2013년에 개관했습니다. 세계적인 건축가 안도 다다오가 설계를 맡았으며, 있는 그대로의 자연과 노출 콘크리트 건물의 아름다움을 잘 살린 덕분에 부지 전체가 하나의 예술 작품으로 평가 받습니다. 이곳은 공간(Space), 미술(Art), 자연(Nature)의 영문 첫 글자를 따서 만든 '산(SAN)'이라는 이름처럼 시시각각 변하는 대자연 속에서 예술 감성을 만끽할 수 있습니다.

뮤지엄 산은 입구의 오솔길을 따라 웰컴센터, 뮤지엄 본관, 명상관, 제임스터렐관으로 이어져 있으며, 전체를 다 돌아보려면 2시간 넘게 소요됩니다. 각 구역은 거대한 벽으로 구분되거나 좁은 통로로 연결되어 있어 직접 가까이 다가가야만 그 웅장함을 마주할 수 있습니다.

재우쌤의 Tip!

시간상 뮤지엄 산 전체를 돌아보기 힘들다면 명상권, 제임스터렐권 등 코스별로 다르게 묶인 입장권 중 원하는 구간이 있는 것을 발급 받아 관람하면 됩니다. 명상관이나 제임스터렐관은 단독 관람이 불가하고 시간대별로 인원 제한이 있으니 참고해 주세요. 또 비가 오면 제임스터렐관의 일부 작품은 관람이 제한됩니다. 요일별로 전시 해설 투어를 즐겨 보는 것도 좋습니다.

이곳은 입구부터 뮤지엄 본관까지 가는 길에도 볼거리가 넘쳐납니다. 플라워가든에서는 조각가 마크 디 수베로의 작품이 80만 송이의 패랭이꽃과 조화를 이룹니다. 뮤지엄 산의 하이라이트라고 불리는 워터가든은 물을 거울처럼 활용한 독특한 설계가 눈을 사로잡는데, 투명하고 고요한 광경 덕분에 뮤지엄 본관이 물에 떠 있는 것과 같은 착시를 일으키기도 합니다.

파주석으로 멋을 낸 뮤지엄 본관 안에는 종이박물관과 미술관이 자리합니다. 이곳에는 종이의 탄생과 오늘을 만날 수 있는 공예품과 문화재를 비롯한 다양한 작품들이 전시되어 있습니다.

신라의 고분을 모티브로 한 반원의 돌산이 있는 스톤가든에 들어서면 뮤지엄 산의 마지막 지점인 제임스터렐관이 나옵니다. 미국의 설치 미술가 제임스 터렐의 작품이 전시된 이곳은 빛으로 건물 전체에 그림을 그려 공간의 미학을 살린 것이 특징입니다.

1 워터가든
2 스톤가든
3~4 뮤지엄 본관 내부
5 카페 테라스

한 걸음 더 내딛기

박경리문학공원

강원도 원주시 토지길 1

원주는 한국 문단의 큰 별로 불리는 소설가 박경리의 혼이 담긴 지역이기도 합니다. 박경리는 통영에서 태어났지만, 수년간 원주에 머물며 작품 활동을 펼쳤습니다. 그녀는 평소 아름다운 산천이 가득한 원주를 사랑했고, 이곳에서 큰 영감을 얻었습니다. 그녀의 대표작인 대하소설 《토지》의 4부와 5부가 모두 원주에서 완성됐기 때문에 원주는 '토지의 고향'이라고도 불립니다.

박경리문학공원은 박경리가 살았던 옛집을 보존하여 소설 《토지》를 주제로 꾸민 공원입니다. 이곳은 집필실을 갖춘 박경리의 집과 그녀가 생전에 손수 가꿨던 텃밭, 정원이 그대로 보존되어 있습니다.

옆에는 박경리의 생애와 작품 세계를 자세히 살펴볼 수 있는 전시관인 '박경리 문학의 집'도 있습니다. 건물 2층과 3층에는 박경리의 유품과 사진, 《토지》와 관련한 자료가 전시되어 있습니다. 4층은 박경리의 문학을 둘러볼 수 있는 자료실, 5층은 각종 문학 행사를 진행하는 공간으로 쓰입니다.

야외는 평사리마당, 홍이동산, 용두레벌 등 소설 《토지》속에 등장하는 배경과 요소를 테마로 구성됐습니다. 문학공원 내에는 문학을 사랑하는 모든 사람들이 책을 읽으며 편히 쉬어 갈 수 있는 공간도 곳곳에 마련되어 있습니다.

맞춤형 활동 자료

| 뮤지엄 산에서 만나는 공간 예술가 | 세계의 박물관 | 나는야 전통 시장의 청년 사업가 | 내 안의 예술적 감성을 찾아서 | 랜선 지역 축제 기획하기 |

활동집 32~33p

창의융합 미리 보기

뮤지엄 산은 노출 콘크리트, 높은 천장과 자연 채광 등 이곳의 설계를 맡은 일본의 건축가 안도 다다오의 건축적 특징이 잘 살아나는 곳입니다. 빛의 마술사로 불리는 제임스 터렐의 개성 넘치는 작품들도 이곳의 아름다움을 더하는데요. 뮤지엄 산의 공간 예술가 안도 다다오와 제임스 터렐에 대해 알아봅니다.

안도 다다오

분야 건축　**국적** 일본　**출생** 1941년 9월 13일

어릴 적 무엇이든 만드는 것을 좋아했던 안도 다다오는 고등학생 때부터 건축이라는 분야에 매료됐습니다. 19살 때 인테리어 일에 뛰어들었고, 책을 읽고 이곳저곳을 여행하며 건물을 직접 스케치하기도 했습니다. 28살의 나이로 자신의 건축 사무소를 설립한 그는 당시 주된 건축 재료였던 목재가 아닌 노출 콘크리트를 사용하여 고요하고 내적인 공간이 돋보이는 공간을 연출했습니다. 이후 기하학적인 구조와 절제된 빛을 활용하여 그만의 스타일을 창조했고, 각종 건축 부문의 상을 휩쓸었습니다. 그는 특유의 자연을 끌어안은 조경과 순수한 재료의 활용, 적극적인 빛의 활용으로 '물과 빛, 노출 콘크리트의 건축가'라고도 불립니다.

제임스 터렐

분야 설치 미술　**국적** 미국　**출생** 1943년 5월 6일

제임스 터렐은 기존의 예술가들이 빛을 예술의 한 수단으로 사용한 것과 다르게 빛을 주연으로 재현하는 것에 집중했습니다. 어릴 때부터 정신적인 수련과 침묵을 중시하는 교육을 받았던 그는 공간과 빛에 집중하기 시작했고 여러 미술가, 심리학자들과 함께 빛의 생리학에 대해 연구하기도 했습니다. 그리고 1966년에 〈애프럼 프로토〉라는 최초의 빛 작품을 만들었습니다. 공간에 맞는 절묘한 조명 배치로 유한한 공간이 확장되어 보이게 연출하는 그의 작품은 마치 다른 차원의 세계에 서 있는 것과 같은 느낌을 들게 합니다.

국가의 행정을 이해하다

세종

충청권 중심부에 있는 세종특별자치시는
2012년 7월, 우리나라의 17번째 광역 자치 단체로 공식 출범했습니다.
국토 균형 발전과 수도권 기능 분산을 위해 조성된 이곳은
우리나라 수도인 서울과 더불어 국가의 정치, 행정 기능을 담당합니다.

행정 수도라는 위상에 걸맞게 현재 세종에는
기획재정부, 행정안전부를 비롯한 40여 개의 중앙 행정 기관과
15개의 국책 연구 기관이 들어서 있는데요.
최근 입법 기관인 국회의 분원을
이곳에 설치하자는 논의도 나오고 있습니다.

행정은 국회가 만든 법률을 집행하고, 국민들에게 거둔 세금으로
공익의 정책을 수립하는 역할을 하기 때문에
건강한 나라를 위해서라면 꼭 필요한 기능인데요.

나라의 살림을 책임지는 세종을 돌아보며,
우리나라 행정의 역사와 의미를 이해해 봅니다.

주요 키워드

#행정   #대통령   #세금   #정부청사
#국세청   #국가기록원   #정치

세종 창의여행 코스

이동 시간	이동 2회	약 32분
체험 시간	체험 2회	약 2시간
교통비	버스 2회	성인 3,000원 / 청소년 2,400원 / 어린이 1,400원

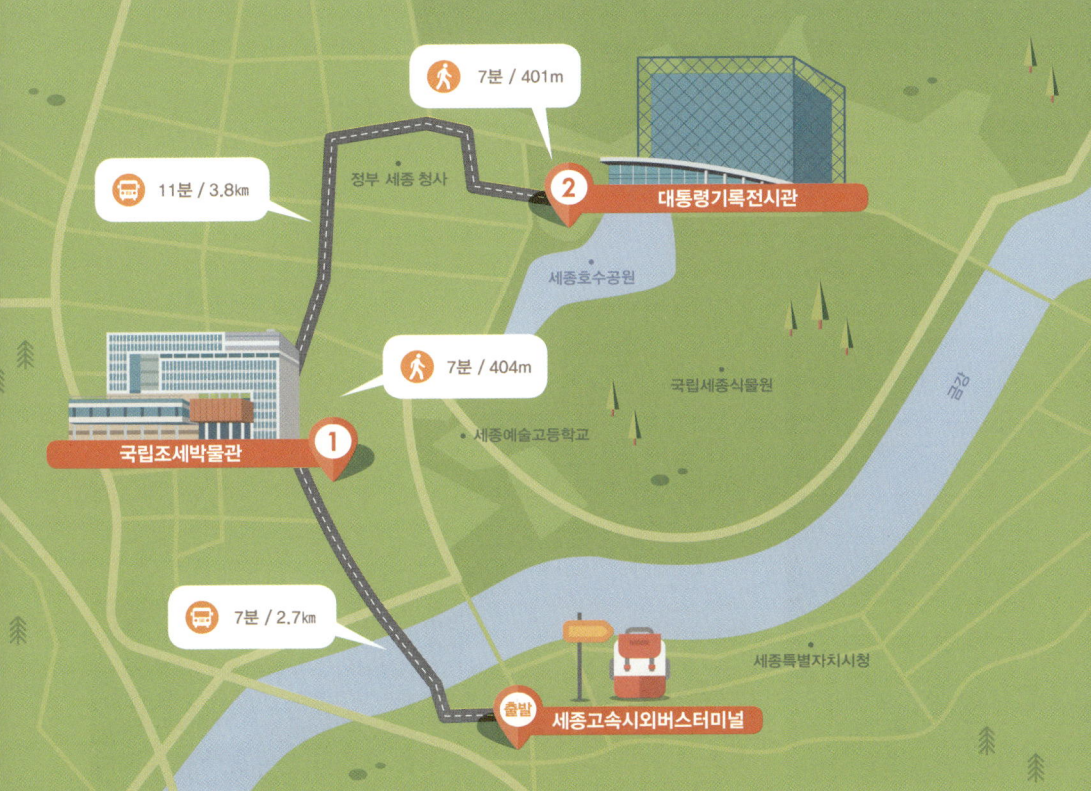

국립조세 박물관

information

주소 　세종특별자치시 국세청로 8-14
이용시간　09:00~18:00
　　　　매주 월요일, 법정 공휴일 휴관
입장료 　-
문의 　044-204-4646~8

1 국립조세박물관 간판
2 광개토대왕비 복원본
3 조선 시대의 호패
4 우리나라의 조세 제도

국세청이 운영하는 국립조세박물관은 국세 행정에 대한 이해를 돕고 미래 납세자인 청소년들에게 세금의 중요성을 알리기 위해 설립된 국내 유일의 세금 전문 박물관입니다. 이곳에서는 세금의 역사와 여러 가지 조세 제도를 학습할 수 있습니다. 입구에 들어서자마자 만나는 거대한 돌기둥은 실물 크기로 재현한 '광개토대왕릉비'입니다. 광개토대왕의 업적을 나열한 이 비가 세금과는 거리가 멀게 느껴질 수 있지만 사실 우리나라의 가장 오래된 세금 기록이 담겨 있는 유물입니다.

상설 전시실은 세금의 역사를 설명해 놓은 공간과 국세청의 역할, 비전을 소개하는 공간으로 구분되어 있습니다. '세금의 어제와 오늘' 코너에는 우리나라 조세 제도를 확립한 삼국 시대부터 조선 시대의 대동법, 균역법에 이르기까지 선조들이 실시한 세금 정책이 관련 고문서, 유물과 함께 설명되어 있습니다. 이를 통해 국가의 밑천인 세금이 얼마나 오래된 개념이고 어떤 형태로 변해 왔는지 이해할 수 있습니다.

1 국세청의 어제와 오늘
2 세금 체험 기기

또 게임, 만화 등을 통해 세금에 관한 지식을 쉽고 재미있게 습득할 수 있으며 세계의 특이한 세금, 일상 속 세금 여행과 같이 흥미로운 내용들도 가득합니다. 이 밖에도 특별 전시실에서는 매회 세금을 주제로 한 테마 전시가 열리고 있습니다.

국세청에서 관리하는 박물관인 만큼 내국세를 징수하는 국세청에 대한 설명도 빠지지 않고 등장합니다. 국세청의 어제와 오늘 그리고 내일로 분류된 전시실에서는 국세청의 역사와 국세청이 하는 일, IT 시대에 맞춘 국세 징수 프로그램 등을 살펴볼 수 있습니다. 우수한 조세 제도와 국세청의 앞으로의 비전도 소개되어 있습니다.

국립조세박물관에서는 연령대별로 다양한 세금 체험 프로그램도 진행하고 있는데요. 유아를 대상으로 한 '내가 만드는 동네', 초등학생을 위한 '어린이 세금 체험 교실', 중·고등학생 맞춤 '청소년 세금 교실' 등이 있습니다.

상식 ➕ 더하기
우리나라의 세금은 언제부터 시작됐을까?

중국의 역사서 《시경》에는 우리나라 최초의 국가인 고조선이 농토를 정리하여 세금을 매겼다는 기록이 남아 있습니다. 이후 삼국 시대 초기에는 중국 당나라에서 완성된 조세 방식인 '조·용·조'를 도입했습니다. 조(租)는 경작한 토지의 면적만큼 공물을 징수하는 것, 용(庸)은 부역을 시키는 것, 조(調)는 수공품, 특산물 등을 대납물로 거두어 들이는 방식이었습니다.

재우쌤의 Tip!

국립조세박물관 홈페이지에서 메타버스 조세박물관을 먼저 체험하고 오면 현장에서 이해가 훨씬 쉬울 것입니다. 그래도 세금을 낯설어 하는 아이들이 있다면 놀이와 퀴즈 등 접근하기 쉬운 방식으로 먼저 관심을 끌어내 주세요. 부가가치세 등 생활 속에서 자연스럽게 납부하고 있었던 세금 이야기를 꺼내 보면 더욱 이해가 쉽답니다.

대통령 기록전시관

information

- 주소 세종특별자치시 다솜로 250
- 이용시간 10:00~18:00
  매주 월요일, 어린이날을 제외한 법정 공휴일 휴관
- 입장료 –
- 문의 044-211-2000

1 대통령기록전시관 외관
2 1992~2009년까지 사용했던 대통령 의전 차량

국가기록원이 관리하는 대통령기록전시관은 시민들이 여러 기록물을 통해 역대 대통령과 소통할 수 있도록 꾸며 놓은 공간입니다. 외관은 대통령 기록물의 중요성을 나타내고자 국새 보관함을 형상화한 큐브 모양으로 디자인했습니다.

1층부터 4층까지 각각 대통령 상징관, 대통령 자료관, 대통령 체험관, 대통령 역사관으로 구성된 대통령기록전시관에서는 대한민국 리더로서 대통령의 역할과 권한을 살펴보고, 그들의 열정을 느낄 수 있습니다. 또 평소에는 접하기 힘들었던 역대 대통령의 물건, 의전 차량, 외교 선물, 집무실을 통해 행정부 최고 통치권자의 일상을 간접적으로 경험해 볼 수 있습니다.

이곳은 다른 전시관들과는 다르게 4층부터 관람하는 구조입니다. 1층 입구로 입장한 뒤 엘리베이터를 타고 바로 4층으로 올라가서 한 층씩 내려오면서 둘러보는 방식을 하고 있습니다.

대통령의 리더십에 대해 다룬 4층 '대통령 역사관'에서는 대통령의 역할을 이해하고 우리나라 대통령제의 변천사를 살펴볼 수 있습니다. 외교 문서와 대통령 친필 휘호가 전시되어 있으며, 대통령 선거 당시 포스터와 유세 현장 모습도 만나 볼 수 있습니다. 한쪽에는 대통령 선거 포스터를 제작해 보는 AR 체험존도 꾸려져 있습니다.

1 4층 역대 대통령 선거 포스터
2 3층 청와대 접견실 재현
3 2층 각국에서 받은 대통령의 선물
4 1층 대통령의 전당
5 대통령 취임식 체험존

3층 '대통령 체험관'은 대통령의 열정을 주제로 합니다. 이곳에는 대통령이 재임 기간 동안 생활했던 청와대의 역사와 공간별 기능도 설명되어 있습니다. 대통령의 업무 공간인 '집무실', 주요 손님을 대접하는 '접견실', 기자 회견을 진행하는 '춘추관'의 모습이 고스란히 재현되어 있어 국가 수장인 대통령의 일상을 엿볼 수 있습니다.

2층 '대통령 자료관'은 역대 대통령들이 해외 순방에서 외국 정상들에게 받은 선물들로 꾸며진 공간입니다. 세계 각국의 문화가 묻어나는 찻잔, 장신구, 도검, 도자기 등을 구경할 수 있습니다. 청와대 상춘재를 본떠 한옥 형식으로 지은 휴게 공간도 마련되어 있습니다.

마지막 1층은 역대 대통령의 취임부터 퇴임까지 주요 활동을 소개하는 '대통령 상징관'입니다. 입구에는 노태우 정부 때부터 약 20년간 사용했던 의전 차량이 놓여 있고, 내부 대통령의 전당에는 각 대통령의 연설문에서 발췌한 키워드들이 대통령의 모습과 함께 전시되어 있습니다.

> **재우쌤의 Tip!**
>
> 대통령기록전시관에서는 대통령기록관 모형 만들기, 대통령 의전 차량 체험, 민주주의 선거 교실 등을 운영하고 있습니다. 이는 초등학생에게는 멀기만 했던 대통령을 가깝게 이해하는 계기가 되고, 중·고등학생에게는 사회 교과와 연계한 진로 체험의 기회를 제공합니다. 운영 시간을 살펴보고 꼭 체험해 보세요.

한 걸음 더 내딛기

정부세종청사

세종특별자치시 다솜2로 94

각 정부 부처가 자리한 정부세종청사는 저층의 건물 15동이 수평으로 넓게 펼쳐진 형태를 띠고 있습니다. 이 설계는 정부청사가 가진 관료적 이미지를 탈피하기 위한 것으로 도시와 건물의 조화로움을 강조한 것이 특징입니다. 영상 회의실과 스마트 워크 센터를 갖춘 내부는 긴밀한 업무 소통을 가능하게 하고, 행정의 효율성 또한 높였습니다.

정부세종청사가 더욱 유명해진 이유는 계절에 따라 다양한 경관을 연출하는 '옥상 정원' 때문입니다. 축구장 11개를 합친 면적을 자랑하는 이곳은 단일 건축물에 조성된 옥상 정원 중에서는 가장 큰 규모로 기네스북에도 등재됐습니다. 조선 시대의 순성 놀이를 하듯 구성된 정원에는 180여 종의 식물이 식재되어 있고, 인근의 대통령기록전시관과 세종호수공원을 조망할 수 있는 전망대, 태극기 조형물, 벤치 등이 마련되어 있습니다. 이곳은 시민들에게 열린 휴식 공간일 뿐만 아니라 건물의 에너지 손실을 차단하는 기능을 갖춰 냉난방 비용 절감 효과까지 거두고 있습니다.

맞춤형 활동 자료

| 역사 속 세금 이야기 | 행정부란 무엇일까? | 생활 속 세금 계산하기 | 정부세종청사에서 하는 진로 탐색 | 우리 반 모의 대통령 선거 |

활동집 34~35p

미리 보기

세금은 국가 또는 지방 공공 단체가 경비로 사용하기 위해 국민으로부터 거두어들이는 금전을 말합니다. 헌법에서 규정하는 납세의 의무에 따라 세금을 징수하는 우리나라를 비롯하여 세계 대부분의 나라가 국민들에게 세금을 부과하는데요. 세계 역사 속에 존재했던 별별 세금들을 만나 봅니다.

오줌세

로마 제국의 황제였던 베스파시아누스는 세계 최초의 유료 공중화장실을 만든 인물입니다. 그는 군대 유지 비용을 마련하기 위해 '오줌세'를 고안했습니다. 당시 옷감을 만드는 섬유업자들은 양털에 포함된 기름기를 빼는 용도로 암모니아 성분이 필요하여 공중화장실에 모인 오줌을 이용하고 있었는데, 베스파시아누스는 이 방법으로 공짜 이윤을 내는 섬유업자들에게 세금을 부과했던 것입니다.

창문세

창문세는 프랑스의 필립 4세가 왕권 강화를 위해 시행한 뒤 폐지됐다가 프랑스 혁명 이후 다시 부활했습니다. 왕실은 부자들에게 더 많은 세금을 거두기 위해 창문 폭에 따라 세금을 부과하는 '창문세'를 실시했는데, 창문의 재료인 유리는 당시 고가였기 때문에 큰 집과 큰 창문을 가지고 있는 사람들이 세금을 더 많이 내게 됐습니다. 그러자 창문세를 감면 받기 위해 폭이 좁고 길이가 긴 창문을 설치하는 경우도 속출했습니다.

수염세

러시아 로마노프 왕조의 황제였던 표트르 1세는 강력한 서구화 정책을 펼쳤습니다. 그는 유럽의 신문물을 수용하며 사람들에게 짧은 소매의 옷을 입고, 긴 수염을 깎을 것을 강요했습니다. 이 정책에 성직자를 비롯한 국민들이 크게 반발하며 '수염의 반란'을 일으켰습니다. 이에 표트르 대제는 수염이 있는 사람들에게 매년 100루블의 세금을 내는 '수염세'를 도입하고, 수염 토큰을 발행하여 특별 통행세를 내게 했습니다. 7년간 러시아 사회를 주름잡았던 수염세는 수염을 기르는 사람들이 점차 줄어들면서 자연스레 효력을 잃고 역사 속으로 사라졌습니다.

세종 _ 국가의 행정을 이해하다

글썽

늘 신나고 즐거운 여행만 있는 것은 아니죠.

오늘이 있기까지 역사에 새겨진 아픔과 어둠을 마주하면서
나 자신을 돌아보고, 오늘의 교훈을 얻는 것도
여행의 또 다른 의미입니다.

잊어서는 안 될 우리의 이야기를 찾아 떠나 볼까요?

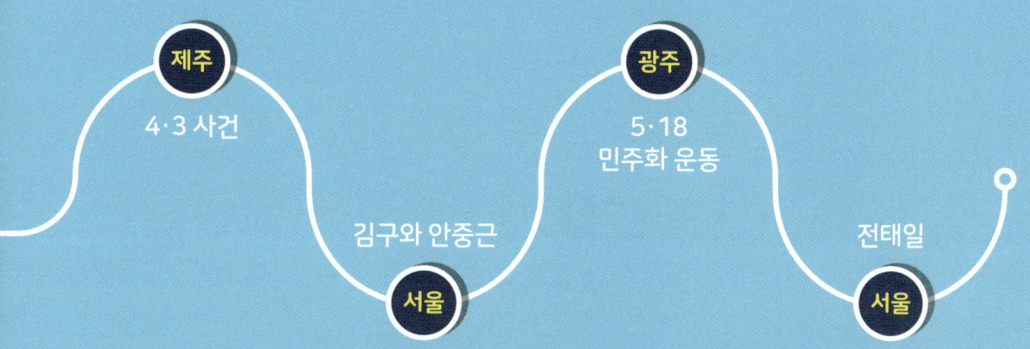

4월 3일을 되돌아보다

따뜻하고 아름다운 섬 제주도는
우리나라에서 봄의 시작을 가장 먼저 알리는 곳입니다.
하지만 지금으로부터 70여 년 전, 제주의 봄은 아프게 물들었습니다.

1947년, 3·1절 기념식 후 경찰의 발포 사건을 계기로
1948년 4월 3일, 남조선 노동당 무장 세력과 이를 진압하기 위한
군인, 경찰 사이에서 수많은 민간인 피해자가 발생한 것인데요.
이후 7년 7개월간 이어진 제주 4·3 사건은
지금도 많은 도민들에게 잊지 못할 비극으로 남아 있습니다.
제주 곳곳에는 그날의 아픔을 공유하고
희생자들을 추모하기 위한 공간들이 많이 있습니다.

슬픔에는 유효 기간이 없고, 아픈 역사는 반복되지 않아야 합니다.
흐드러지게 핀 꽃 뒤에 가려진 그날,
우리나라 근현대사의 큰 비극으로 남아 있는
제주 4·3 사건의 진실과 의미를 찾아봅니다.

주요 키워드 🔍

#4·3사건   #다크투어   #순이삼촌
#백비   #추모   #진상규명

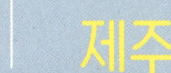

4 제주 창의여행 코스

이동 시간	이동 2회	약 1시간 5분
체험 시간	체험 2회	약 3시간
교 통 비	택시 2회	약 36,000원

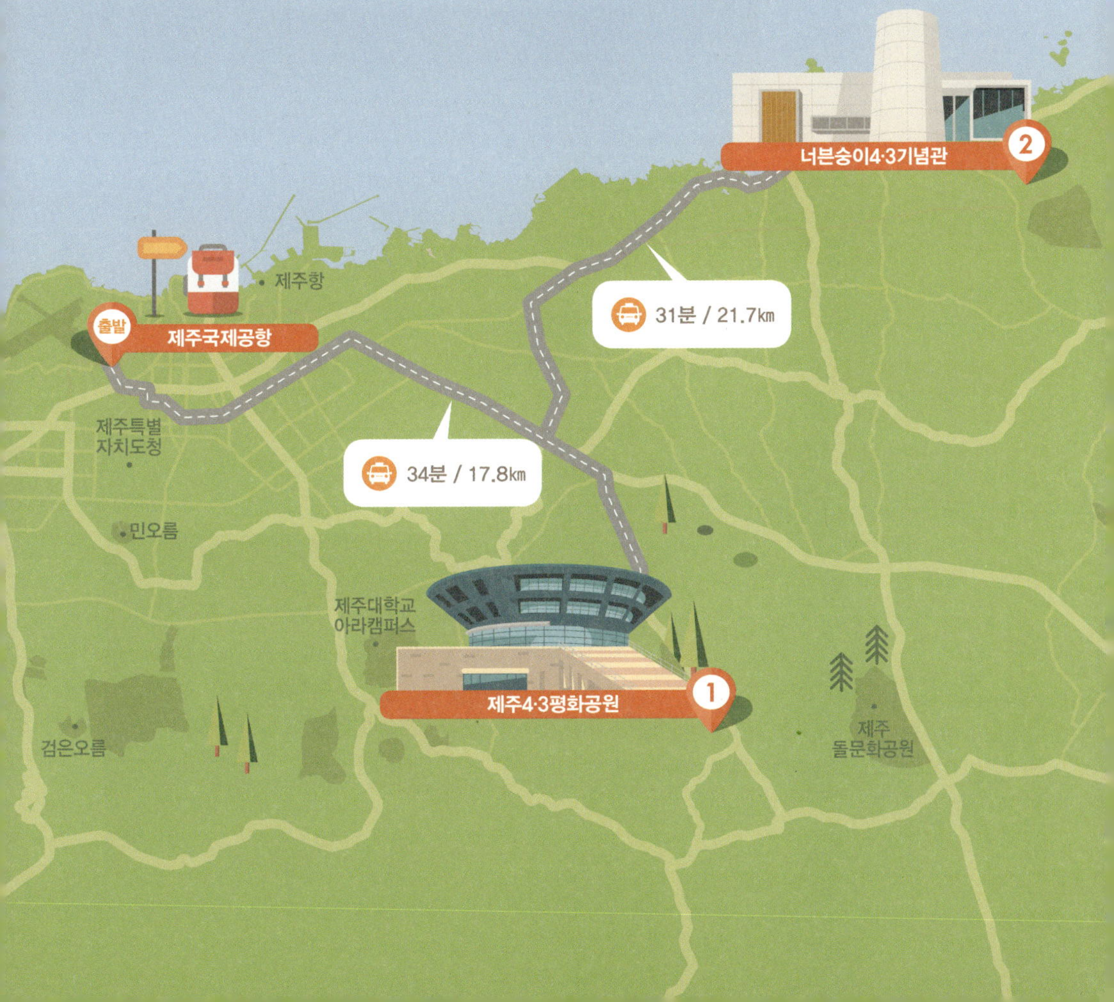

너븐숭이4·3기념관
2
제주항
출발
제주국제공항
31분 / 21.7km
34분 / 17.8km
제주특별
자치도청
민오름
제주대학교
아라캠퍼스
제주4·3평화공원
1
검은오름
제주
돌문화공원

제주4·3 평화공원

Information

주소	제주특별자치도 제주시 명림로 430
이용시간	09:00~17:30 매월 첫째, 셋째 월요일 휴무
입장료	-
문의	064-723-4301~2

1 제주4·3평화기념관 입구
2 제2전시실

상식 ➕ 더하기
제주 4·3 사건이란?

1947년 3월 1일, 경찰의 발포 사건을 기점으로 1948년 4월 3일, 제주 남로당 무장대가 경찰과 서북 청년회의 탄압에 저항하고, 단독 선거와 단독 정부 수립 반대를 주장하며 무장 봉기했습니다. 이에 1954년 9월 21일, 한라산 금족 지역이 전면 개방될 때까지 무장대와 토벌대간의 무력 충돌이 계속됐고, 토벌대가 강경 진압하는 과정에서 수많은 주민들이 희생당한 사건입니다.

제주4·3평화공원은 제주 4·3 사건 희생자의 넋을 위로하고 그 역사적 의미를 되새겨 평화와 인권 교육의 장으로 사용하기 위해 2008년에 조성된 곳입니다. 이곳은 평화기념관, 위령탑, 추모 공간 등 3개의 영역으로 구성되어 있습니다. 평화기념관에서 제주 4·3 사건의 발생 배경과 원인, 과정 등을 자세히 살펴볼 수 있습니다.

전시실은 역사의 동굴, 흔들리는 섬, 바람타는 섬, 불타는 섬, 흐르는 섬, 새로운 시작이라는 각각의 컨셉으로 조성되어 있습니다

특히 제1전시실 '역사의 동굴'은 4·3 사건의 흐름을 다양한 사진과 모형으로 살펴볼 수 있도록 구성되어 있습니다. 이 사건으로 희생된 주민들의 모습이 생생하게 기록되어 있고, 해설사를 통해서도 자세한 설명을 들을 수 있습니다.

> **재우쌤의 Tip!**
>
> 제1전시실에서 터널을 빠져나오면 우리를 맞이하는 것은 바로 누워 있는 '백비(비문 없는 비석)'입니다. 이 백비가 세워진 이유는 제주 4·3 사건이 아직까지 제대로 규명되지 못한 역사이기 때문인데요. '이름 짓지 못한 역사'의 의미를 함께 생각해 보도록 합니다.

1 백비
2 발굴 당시의 다랑쉬굴 재현
3 각명비
4 4·3 사건 당시 희생된 모녀의 넋을 달래는 '변병생모녀상'
5 위령탑

특별 전시실 '다랑쉬굴'은 그 날의 참상을 몸소 느낄 수 있도록 조성되어 있습니다. 4·3 사건 당시 캄캄한 다랑쉬굴에 은신했던 주민들은 토벌대가 입구에 피운 불에 의해 저항도 하지 못한 채 이곳에서 죽음을 맞이했습니다. 발견 당시의 유해, 유물의 모습을 재현해 놓은 다랑쉬굴 전시실에는 죽음을 목전에 둔 당시 주민들의 두려움이 고스란히 전해집니다.

기념관 후반부는 제주 4·3 사건의 아픔을 딛고 평화의 소중함을 되새길 수 있도록 꾸며져 있습니다. 또 관람객들이 이곳을 방문하고 느낀 점과 앞으로의 바람을 남길 수 있도록 평화 우체통도 마련되어 있습니다.

기념관 밖 추모 공원에서는 위령탑과 조형물들을 감상할 수 있습니다. 위령탑은 각명비가 둘러싸고 있으며 각명비에는 마을별로 희생된 사람들의 이름과 성별, 나이, 사망 일시 등이 빼곡하게 새겨져 있습니다. 또 희생자들을 위한 위패 봉안실도 마련되어 있습니다. 평화공원에서는 매년 4월 3일에 제주 4·3 사건 희생자의 추념식이 진행됩니다.

2

너븐숭이 4·3기념관

information
- 주소: 제주특별자치도 제주시 조천읍 북촌3길 3
- 이용 시간: 09:00~18:00 둘째주·넷째주 월요일, 명절 휴관
- 입장료: -
- 문의: 064-783-4303

1 너븐숭이4·3기념관 건물
2 위령성지 비석
3 희생자 추모의 방

너븐숭이는 제주도 방언으로 '넓은 돌밭'을 의미합니다. 너븐숭이4·3기념관은 북촌리 마을주민 400여 명의 넋을 기리기 위해 조성된 곳입니다.

북촌리 마을은 제주시 동쪽 끝 해변에 자리 잡고 있는 곳으로 해방 이후 인민 위원회를 중심으로 자치조직이 활성화된 곳이었습니다. 그러나 무장대의 습격으로 군인 2명이 숨지자 군인과 경찰에 의해 마을 주민이 무자비하게 희생됐습니다. 너븐숭이4·3기념관은 그날의 사건을 전시관, 영상실, 묵상의 방을 통해 재현하고 있습니다.

기념관에 들어서면 가장 먼저 4·3 사건 희생자 명단이 기록되어 있는 구조물을 만나게 되는데, 천장까지 높이 솟아 있는 명단을 보면 얼마나 많은 사람들이 희생되었는지 짐작할 수가 있습니다. 갓난 아이부터 노인까지 이름, 날짜, 희생된 장소가 자세하게 기록되어 있습니다.

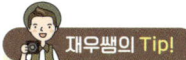

제주 4·3 사건을 다룬 소설 <순이삼촌>이나 영화 <지슬>, <오사카에서 온 편지> 등 다양한 작품을 보고 느낀 점을 공유하며 여행을 되돌아보는 것도 좋습니다.

1 널브러진 비석들
2 장난감이 놓인 애기무덤
3 북촌리 위령비
4 〈애기 돌무덤 앞에서〉 시비

전시관 밖 위령성지 바닥에는 마구 뒤엉켜 있는 비석들이 보입니다. 각 비석에는 문구가 새겨져 있는데 바로 제주 4·3 사건의 참상과 그 후유증을 고발한 소설 〈순이삼촌〉의 구절들입니다. 쓰러지듯 누워 있는 비석들은 당시 희생됐던 사람들을 모습을 나타냅니다.

기념관 인근에는 애기무덤이 있습니다. 북촌마을 주민 학살 사건 당시, 어른들의 시신은 살아남은 사람들에 의해 다른 곳으로 안장되었으나 어린 아이들의 시신은 이곳에 임시 매장됐습니다. 사태가 안정된 이후 애기무덤 대부분이 다른 곳에 안장되었지만 여전히 20여기의 무덤은 임시 매장했던 그대로 이곳에 남아 있습니다.

한 걸음 더 내딛기

○ 목시물굴 ○

제주특별자치도 제주시 조천읍 선흘리 산26

1948년 11월 26일, 굴 속에 숨어 있던 선흘리 주민 200여 명이 토벌대에 의해 발각됐습니다. 토벌대는 굴속으로 수류탄을 던져 주민들이 나올 것을 종용했으며, 밖으로 나온 주민 40여 명을 학살한 뒤 시신을 불태워 이곳에 유기하는 만행을 저질렀습니다. 목시물굴은 이 비극을 고스란히 간직한 현장으로 안전사고 방지를 위해 출입은 금지되어 있습니다.

○ 진아영 할머니 삶터 ○

제주특별자치도 제주시 한림읍 월령리 381

오빠 내외의 농사일을 도우며 평범한 일상을 보내고 있었던 진아영 할머니는 제주 4·3 사건이 일어난 다음해인 1949년 1월 12일, 경찰이 쏜 총에 아래턱이 소실되는 중상을 입었습니다. 이 일로 할머니는 평생 말을 하는 것은 물론이고 음식을 먹는 것도 제대로 하지 못했습니다. 그녀는 흉진 얼굴을 가리기 위해 매일같이 무명천을 두르고 다녀 '무명천 할머니'로 불리기도 했습니다.

할머니가 돌아가신 후 집이 헐리게 되자 시민단체가 나서 할머니의 생전 모습을 복원하여 알리자는 데에 뜻을 모았고, 그녀가 살았던 집을 전시관으로 조성했습니다. 이곳에는 할머니가 사용했던 옷과 물건들, 생전 모습이 담긴 사진과 그림이 놓여 있으며, 집 주변 돌담길에는 할머니의 생을 담은 벽화도 그려져 있습니다.

맞춤형 활동 자료

| 제주 4·3 사건을 알아보다 | 영화로 알아보는 4월 3일의 이야기 | 제주 4·3 사건과 사람들 | 제주4·3평화공원 견학 보고서 | 제주도로 떠나는 다크투어 |

활동집 36~37p

 미리 보기

1945년 8월, 우리나라는 일제의 탄압으로부터 벗어나 국권을 되찾았지만 미군과 소련군이 38선을 기준으로 남과 북에 각각 주둔하며 분단 상황이 벌어졌습니다. 당시 이러한 한반도의 정세가 제주 지역에 어떠한 영향을 미쳤는지 알아보고, 제주 4·3 사건의 전개 과정을 살펴봅니다.

1947년 3·1 사건과 민·관 총파업

1947년 3월 1일, 제주도 좌익 진영이 준비한 3·1절 기념행사에는 주민 약 3만 명이 모였습니다. 행사가 끝나고 통일 정부 수립 요구 시위가 열렸고, 시위대가 빠져나간 뒤 기마경찰의 말발굽에 어린아이가 치여 다치는 사고가 발생했습니다. 기마경찰이 다친 어린이를 그대로 두고 지나가자 흥분한 군중들이 돌을 던지며 항의했고 포진하고 있던 무장경찰들은 이들에게 총격을 가했습니다. 민간인 6명이 목숨을 잃었지만 미군정과 경찰은 사태 수습보다는 시위 주동자를 검거하는 일에 주력했습니다. 이 사건으로 제주의 민심은 극도로 악화되었고, 민·관 합동 총파업이 시작됐습니다.

1948년 4월 3일 무장봉기

미군정에 반감이 높아진 상황에서 제주도 좌익 세력은 단독 선거 저지, 통일 정부 수립을 내세우며 무장봉기를 일으켰습니다. 제주 남로당 350명의 무장대는 이날 새벽 도내 24개 경찰 지서 가운데 12개 지서를 일제히 공격했습니다. 그들은 경찰과 서북청년회 숙소, 독립촉성국민회, 대동청년단 등 우익 단체 요인의 집을 지목해 습격했습니다. 이 사건으로 4월 3일 하루 동안 경찰, 민간인 등 14명이 사망하고 수십 명이 부상을 입었습니다.

1949년 주민 집단 희생과 사건 종결

무장대를 토벌하겠다는 명목 하에 강경 대응이 이어졌고, 7년 7개월간 무고한 주민의 고통은 계속됐습니다. 1949년 5월 10일, 재선거가 치러지면서 무장대는 사실상 궤멸되었고, 제주 4·3 사건도 막을 내렸습니다. 이 과정에서 3만여 명이 목숨을 잃고, 수십만 명이 다친 것으로 드러났습니다. 그리고 50년도 더 지난 2000년, 제주 4·3 사건의 진상 규명을 위한 특별법이 처음으로 제정되어 추모 기념일 지정, 제주4·3평화공원 조성, 유가족에 대한 생계비 지원 등의 계기가 마련됐습니다.

김구와 안중근, 격동의 시대를 넘다

'조선이 독립한 나라임과 조선 사람이 자주적인 민족임을 선언한다.'
1919년 3월 1일을 기해 발표된 독립 선언서의 내용입니다.

이는 우리 민족의 들끓는 독립 투쟁 의지와 자유와 평등,
평화를 염원하는 마음을 느낄 수 있는 대목입니다.
일제 강점기, 이러한 정신을 바탕으로
수많은 순국선열들이 빼앗긴 조국을 되찾기 위해 노력했습니다.

그중 안중근은 단지 동맹을 맺고
적국의 수장 이토 히로부미를 처단하는 거사를 치렀고,
김구는 자주독립과 평화 통일을 위해 대한민국 임시 정부를 조직하여
우리나라 독립운동의 역사에 막대한 영향을 끼쳤습니다.

독립된 조국을 위해 한뜻을 펼친 두 인물의 삶은
그리 멀지 않은 곳에 각각의 기념관으로 조성되어 있는데요.
서울 용산구를 여행하며, 100년의 세월에 담긴 아픈 역사와
숨은 영웅들의 투쟁기를 되짚어 봅니다.

주요 키워드 🔍

#김구 #안중근 #독립운동
#대한민국임시정부 #일제강점기

백범김구 기념관

Information

주소	서울특별시 용산구 임정로 26
이용 시간	하절기(3~10월) 10:00~18:00, 동절기(11~2월) 10:00~17:00 매월 월요일, 1월 1일, 명절 당일 휴관
입장료	-
문의	02-799-3433

1 기념관 중앙홀의 백범 김구 좌상
2 백범 김구 선생 시계와 윤봉길 의사 시계

상식 ➕ 더하기
김구와 윤봉길의 시계

윤봉길은 일왕의 생일 축하 행사에 폭탄을 던지는 거사를 앞두고, 김구에게 시계를 맞교환하자고 했습니다. 윤봉길은 "저는 이제 1시간밖에 더 소용없습니다."라고 말하며 값비싼 자신의 시계를 건넸습니다. 이에 김구는 울음을 참으며 "후일 지하에서 만납시다."라며 윤봉길에게 작별 인사를 전했습니다. 1949년, 김구가 사망할 당시 그의 품에서는 윤봉길에게 받은 시계가 발견됐습니다.

백범김구기념관은 일제 치하부터 광복, 한국 전쟁까지의 정세와 그 인고의 시간을 살아 낸 김구의 삶을 볼 수 있는 곳입니다. 그는 동학 농민군으로 시작하여 대한민국 임시 정부의 주석을 역임하고, 한인 애국단과 한국광복군을 이끌며 조국의 자주독립을 꿈꿨던 인물입니다. 전시관 곳곳에서는 김구의 삶을 쉽게 이해할 수 있도록 제작된 애니메이션을 만날 수 있습니다. 또 시기별 그의 사진과 유품들도 함께 전시되어 있어 백범의 삶이 더욱 생동감 있게 다가옵니다.

1층에는 강화도 조약이 체결된 1876년, 황해도에서 태어난 김구의 삶이 한국 근현대사의 굵직한 사건들을 따라 나열되어 있으며, 아들 김구의 행보를 적극 지지했던 곽낙원 여사의 일화도 소개되어 있습니다. 또 김구와 같이 독립 투쟁에 뛰어들었던 동지들과 그를 따랐던 인사들의 이야기를 관련 유물과 함께 만나 볼 수 있습니다.

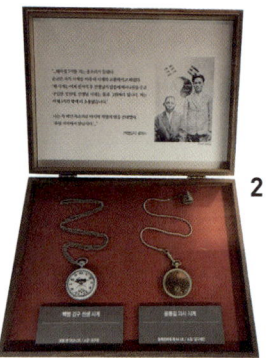

이곳에는 보물로 지정된 '백범 김구 선생의 시계'와 등록문화재로 지정된 '윤봉길 의사 시계'가 나란히 놓여 있습니다.

김구는 3·1 운동 직후 중국의 상하이로 망명했습니다. 상하이에 수립된 대한민국 임시 정부의 경무국장으로 임명된 그는 교민을 보호하고 임시 정부를 수호하는 역할을 하다가 국무령과 주석으로 임명되어 27년간 조직을 이끌었습니다. 우리나라의 주권을 알리고자 밤낮으로 활동했던 그의 행적은 2층 전시실에 잘 드러나 있습니다.

1 백범의 족적
2 대한민국 임시 정부의 단체 사진
3 《백범일지》 친필본
4 백범 김구의 흉상

이 전시실에서 꼭 봐야 할 전시물은 바로 김구가 대한민국 임시 정부의 국무령이 된 후 직접 쓴 자서전인 《백범일지》입니다. 이곳에는 우리나라 보물로도 지정되어 있는 이 《백범일지》가 어떤 과정을 통해 출간되었고, 어떤 내용을 담고 있는지 자세히 설명되어 있습니다. 2층 전시실 한쪽에는 추모 공간이 마련되어 있습니다. 이곳은 조국의 독립을 위해 희생한 선열들의 정신을 기리는 곳으로 벽면이 통유리로 조성되어 있어 효창공원의 애국선열 묘역이 훤히 내려다보입니다.

관람을 마치고 나오면 영상 속 김구와 사진을 찍을 수 있는 포토존도 마련되어 있어 관람객들에게 많은 호응을 얻고 있습니다. 도슨트의 전시 해설도 신청할 수 있으며, 백범을 주제로 한 다양한 교육·문화 행사에도 참여할 수 있습니다.

 **재우쌤의 Tip!**

백범김구기념관 옆에는 사적 '효창공원'이 있습니다. 정조의 맏아들 문효 세자의 무덤이 있어 효창원으로 불렸던 이곳에는 현재 백범 김구를 비롯해 이봉창, 윤봉길, 백정기 등 자랑스러운 독립운동가들이 잠들어 있습니다. 기념관을 둘러본 뒤 이곳에서 순국선열들의 고귀한 넋을 기리는 시간을 가져 봅시다.

2 식민지 역사박물관

information

주소 서울특별시 용산구 청파로47다길 27

이용시간 10:30~18:00
매주 월요일, 1월 1일, 명절 당일, 노동자의 날 휴관

입장료 성인 3,000원
청소년 1,500원
어린이 무료
(현재 별도 공지 시까지 무료 관람)

문의 02-2139-0427

1 식민지역사박물관 전시실
2 故 김학순 할머니 평화비
3 식민지 문제 해결을 위한 노력들
4 친일 인물들

> 우리가 강요에 못 이겨 했던 그 일을 역사에 남겨 두어야 한다.
> — 여성 운동가 김학순

식민지역사박물관은 일본의 한반도 침탈 계기와 수탈의 현장, 친일의 행적과 항일 투쟁기를 담고 있는 역사 박물관입니다. 이곳이 더욱 뜻깊은 이유는 해외 동포들과 시민들의 기증 자료와 성금으로 마련된 공간이기 때문입니다. 이곳에서는 당시 제작된 신문 기사, 사진, 엽서, 포스터 등을 통해 일제 치하의 참상을 상세히 들여다볼 수 있으며, 대한민국을 약탈의 대상으로 바라봤던 일본의 비틀린 시선도 느낄 수 있습니다.

또 위안부 피해자 최초로 피해 사실을 공개 증언했던 故 김학순 할머니의 사료를 통해 징용과 일본군 '위안부' 동원 등 전쟁 범죄의 진상을 고발하고 있습니다. 이밖에도 친일파들의 반애국 행위를 구체적 자료를 통해 가감 없이 전시하여 친일 행적의 실제를 신랄하게 보여 줍니다.

안중근의사 기념관

information

주소	서울특별시 중구 소월로91
이용시간	하절기(3~10월) 10:00~18:00 동절기(11~2월) 10:00~17:00 매주 월요일, 1월 1일, 명절 당일 휴무
입장료	-
문의	02-3789-1016, 1026

1 안중근의사기념관 외관
2 기념관 중앙홀의 안중근 의사 좌상

안중근의사기념관은 우리나라 대표 독립운동가 안중근을 기리는 전시관으로, 3개의 층에 마련된 전시실에는 그의 출생부터 뤼순 감옥에서 순국하기까지 전 생애를 보여 줍니다.

國家安危 勞心焦思(국가안위 노심초사)
국가의 안위를 걱정하고 애태운다

기념관을 들어가기에 앞서 야외에는 안중근을 기념하는 동상과 그의 어록이 새겨진 비석이 있습니다.

중앙홀에는 입장 시 참배를 할 수 있는 안중근의 대형 좌상이 마련되어 있습니다. 전시실은 안중근의 출생과 가문, 시대적 배경을 헤아릴 수 있는 '제1전시실'과 그의 의병 투쟁, 단지 동맹 활동 등을 엿볼 수 있는 '제2전시실' 그리고 하얼빈 의거부터 순국까지의 이야기를 다룬 '제3전시실'로 나뉩니다.

지하 1층에 위치한 제1전시실에서는 안중근의 유년 시절부터 장부의 기개를 밝히고 선봉장이 되기까지 그의 일대기를 한눈에 볼 수 있습니다. 또 안중근을 따라 구국의 대의를 이어간 그의 가족들을 만나 볼 수 있습니다.

1 안중근의 해외 활동
2 이토 히로부미를 처단하는 안중근
3 법정에 선 안중근
4 안중근이 지냈던 뤼순 감옥

제2전시실에는 안중근의 계몽 운동, 해외 활동과 의병 투쟁, 동의단지회 활동을 보여 줍니다. 특히 단지 동맹 현장이 그림자 극으로 꾸며져 있어 독립운동가들의 굳은 의지를 느낄 수 있습니다.

이어지는 제3전시실에는 이토 히로부미 저격 의거 계획부터 저격 상황, 이후 법정에서의 투쟁, 옥중 생활, 그리고 순국까지의 과정이 전시되어 있습니다. 상황을 묘사한 모형이 음성과 함께 전시되어 있어 숨 가빴던 하얼빈 의거 현장과 순국하기까지 독립의 뜻을 굽히지 않았던 안중근의 의지와 심경을 실감할 수 있습니다.

전시의 마지막 코스인 체험 전시실에는 삼흥학교 졸업하기, 안중근 의사에게 편지 쓰기 등 전시 내용과 연계된 체험 활동이 준비되어 있습니다.

> 쏜 것은 권총이었지만
> 그 권총의 방아쇠를 잡아당긴 것은
> 당신의 손가락이었지만
> 원수의 가슴을 꿰뚫은 것은
> 성난 민족의 불길이었네
> 온 세계를 뒤흔든 그 총소리는
> 노한 하늘의 벼락이었네
> (중략)
> 그 뜻은 겨레의
> 핏줄 속에 살아 있네
> 그 외침은 강산의 바람 속에
> 남아 있네
> — 조지훈의 안중근 의사 찬시 中

| 대한민국 임시 정부 수립 | 백범 김구 탐구하기 | 일제 강점기의 진상 | 안중근 의사의 업적 | 나라를 사랑한 사람들 |

활동집 38~39p

 미리 보기

대한민국 임시 정부는 3·1 운동 이후 조국의 광복을 위해 중국 상하이에 조직하여 선포한 임시 정부입니다. 현재 우리나라는 대한민국 임시 정부가 수립된 4월 13일을 국가 기념일로 지정하여 그 역사적 의미를 기리고 있는데요. 대한민국 임시 정부의 주요 활동과 의의를 살펴봅니다.

대한민국 임시 정부의 의의

우리나라 역사 최초로 수립된 민주 정부인 '대한민국 임시 정부'는 설립부터 민주 공화제를 표방하고 정당 정치와 의회 민주 정치의 기틀을 마련했습니다. 대한 제국이 아닌 대한민국이라는 명칭의 사용은 단순히 나라의 주권을 되찾는 데 그치지 않고, 국민들이 힘을 가진 나라를 만들고자 한 염원을 담은 것입니다. 임시 정부는 설립 이후 광복까지 27년간 유지되었고, 국내외 독립운동을 전개하는 기반이 되어 주었습니다. 이는 식민지 역사가 있는 전 세계 어떤 나라에서도 찾아보기 어려운 형태였는데, 우리나라는 광복 이후부터 '현 정부가 대한민국 임시 정부를 계승한다'는 내용을 헌법에 명시하고 있습니다.

대한민국 임시 정부의 주요 독립운동

《독립신문》 발간	이봉창 의사의 활약	윤봉길 의사의 거사
1919년 8월, 대한민국 임시 정부는 민족정신을 고취하기 위해 서재필의 《독립신문》과는 별도의 《독립신문》을 발간했습니다. 1925년까지 발행된 이 신문은 상하이 교민들의 소식통이자 항일 투쟁의 구심점 역할을 했습니다.	이봉창은 3·1 운동을 목격한 뒤 독립운동에 평생을 헌신할 것을 다짐하고 대한민국 임시 정부의 한인 애국단에 가입했습니다. 그는 일왕의 암살을 자원하고 1932년 1월, 일본 도쿄에서 수류탄을 던지는 거사를 시도했습니다.	이봉창의 의거 소식을 들은 윤봉길은 김구를 찾아가 투쟁 참여 의사를 밝혔습니다. 그는 한인 애국단에 입단한 뒤 일왕의 생일 축하 자리에서 폭탄을 던져 일본군 사령관과 장교들에게 피해를 입혔습니다.

5·18
그날을 기억하다

5·18 민주화 운동은 1980년 5월 18일을 전후로
광주를 포함한 전남 일대에서 전개된 민중 항쟁입니다.

이 사건은 5·16 군사 정변으로 등장한 신군부의 독재에서 비롯됐습니다.
학생들과 민주 인사들은 신군부의 퇴진과 계엄령 철폐, 유신 헌법 폐지 등을
요구하며 시위를 벌였고, 신군부는 공수 부대를 동원해
시민들을 무자비하게 억압했습니다.
유혈 사태로 번진 민주화 운동은 수많은 희생자들을 양산했습니다.
5·18 민주화 운동은 이후 우리나라 민주주의의 원동력이 되었으며,
세계 여러 나라의 민주화에도 큰 영향을 미쳤습니다.

5·18 민주화 운동 과정에서 당시 시민들이 보여 준 자발적인 참여와
민주화에 대한 열망 그리고 공동체 정신과 수준 높은 도덕성은
오늘을 살아가는 우리에게도 큰 교훈을 전하는데요.

그 어느 때보다 뜨거웠던 1980년.
오월의 광주로 돌아가 숭고한 민주화 운동의 정신을 되새겨 봅니다.

주요 키워드

#5·18민주화운동 #5·16군사정변 #계엄령
#민중항쟁 #금남로 #민주주의

1
5·18 기념공원

information

주소	광주광역시 서구 상무민주로 61
이용 시간	일부 시설 관람 외 단순 탐방은 이용 시간 제한 없음
입장료	–
문의	062-376-5197, 062-613-7905

1 광주인을 상징하는 인물상
2 5·18기념문화센터 외관
3 5·18 민주화 운동 전시물
4 5·18 민주화 운동 당시 금남로 광장 모습

5·18기념공원은 광주에서 일어난 5·18 민주화 운동에 참여했던 이들의 희생 정신을 기리고, 이를 계승하기 위해 설립됐습니다. 1996년 11월에 광주 시민에 대한 보상으로 무상 양도된 옛 상무대 부지 위에 조성된 이곳은 5·18 관련 조형물, 전시 시설을 갖추고 있어 민주 교육의 장으로 활용되며, 녹음과 함께 시민들이 쉬어가는 공간이기도 합니다.

공원 내에는 5·18기념문화센터, 현황 조각 및 추모 승화 공간, 원형 광장, 오월루 등이 있습니다.

5·18기념재단이 들어서 있는 5·18기념문화센터는 5·18기념공원과 5·18자유공원의 운영과 관리를 담당합니다. 이곳에는 문화 공연과 국제 학술 회의를 진행할 수 있는 민주홀, 대동홀, 리셉션홀과 오월의 기억 저장소 등의 전시실도 있습니다.

1~2 5·18 민주화 운동 부조화
3 5·18 민주화 운동
관련자 명단과 지하 인물상

"아, 광주여 영원한 빛이여라!"

5·18기념공원에서 중심이 되는 곳은 5·18 현황 조각과 추모 승화 공간입니다. 현황 조각으로는 5·18 민주화 운동의 상징적 의미를 지닌 빛을 주제로 한 제기와 인물상, 관부조, 스테인리스 조형물 등이 있습니다. 총 847개로 이루어진 스테인리스 조형물은 정의가 하늘로 솟고 내일을 향한 소망이 이뤄지기를 바라는 마음을 담고 있는데, 하늘에서 보면 태극 모양을 나타냅니다. 또 그 앞에 있는 남성 3명의 인물상은 5·18 민주화 운동에 참가했던 광주인들의 용기와 민주주의에 대한 사랑을 표현한 작품입니다. 이 조형물은 민주화 운동의 숭고한 정신이 역사 속에 길이 빛나기를 염원하는 지역민들의 뜻을 담아 이곳을 찾는 사람들에게 민주 정신의 가치를 전하고 있습니다.

지하 추모 승화 공간은 5·18 민주화 운동 과정에서 안타깝게 생을 마감한 분들의 명패를 배경으로 한 여인의 동상이 인상적입니다. 쓰러진 어린 아들을 두 팔로 안고 참담한 표정으로 하늘을 바라보는 어머니의 모습이 애절하게 와닿습니다. 사랑하는 자식의 죽음을 통탄스러워하면서도 그 희생이 헛되지 않고 역사의 발전으로 승화되기를 바라는 어머니의 마음이 잘 느껴집니다. 반대편에는 당시의 현장과 상황을 상징적 이미지로 표현한 부조화가 새겨져 있습니다.

광주 _ 5·18 그날을 기억하다

국립5·18 민주묘지

information
- 주소: 광주광역시 북구 민주로 200
- 이용시간: 09:00 ~ 18:00 연중무휴
- 입장료: -
- 문의: 062-268-5189

1 제1묘역
2 민주의 문
3 5·18민중항쟁추모탑

국립5·18민주묘지는 5·18 민주화 운동 때 희생된 사람들이 잠들어 있는 곳입니다. 1993년부터 5·18 민주화 운동에 대한 재평가가 이루어지면서 5·18 희생자 묘역을 민주 성지로 가꾸려는 움직임이 일어났습니다. 이후 광주광역시가 중앙 정부의 지원을 받아 1997년에 완공했고, 2002년에 국립묘지로 승격됐습니다. 크게 2개의 구역으로 나뉜 묘역 안에는 수백 기의 5·18 영령의 묘가 자리합니다.

묘지 입구에는 '민주의 문'이라는 큰 현판이 걸린 문이 있고 민주광장과 추념문을 지나 들어서면 높이 40m의 웅장한 '5·18민중항쟁추모탑'이 우리를 맞이합니다. 우리나라 전통 석조물인 당간지주 형태를 하고 있는 탑의 중심에는 부활을 상징하는 알 모양의 조형물이 박혀 있습니다. 탑 앞에는 추모를 할 수 있는 참배단이 있으며 뒤로는 제1묘역이 조성되어 있습니다.

재우쌤의 Tip!

국립5·18민주묘지는 우리나라의 민주화를 위해 목숨을 바친 분들을 모시는 공간입니다. 둘러볼 때는 예의를 갖추고, 참배하는 사람들에게 방해가 되지 않도록 합니다.

추모탑 근처에 고인돌처럼 생긴 건물은 '유영봉안소'입니다. 묘역에 안장된 분들의 영정을 모시는 공간으로, 내부로 들어가면 희생된 이들의 아픔에 절로 마음이 무거워집니다.

참배단을 중심으로 좌측에는 '대동세상군상', 우측에는 '무장항쟁군상' 청동상이 있습니다. 대동세상군상은 슬픔을 딛고 승리를 노래하면서 질서와 치안 유지를 위해 노력했던 1980년 5월의 모습을 담아낸 것입니다. 또 무장항쟁군상은 불의에 저항하던 시민군을 형상한 것입니다. 두 작품 모두 금방이라도 살아 움직일 듯 역동성 넘치는 모습이 돋보입니다.

국립5·18민주묘지에 방문했다면 꼭 들러야 하는 곳은 바로 '5·18추모관'입니다. 이곳은 시민들에게 올바른 역사의식을 함양시키고자 건립되었으며, 단순한 관람 위주의 전시가 아닌 체험 공간도 가미하여 당시의 실상과 정신을 더욱 잘 느낄 수 있도록 구성한 것이 특징입니다. 햇불처럼 꺼지지 않는 5·18 정신을 담은 이곳은 "추모와 계승은 역사적 진실을 확인하고 기억하는 것으로부터 시작됩니다."라는 문구와 함께 시작됩니다.

1 유영보안소 내부
2 대동세상군상
3 우리나라 민중의 역사
4 망월동 묘지에서 발견된 유해
5 5·18 민주화 운동의 전개 과정

제1전시실에서는 민주주의의 영원한 빛을 상징하는 조형물, 항쟁 당시 사망했던 이들의 흔적과 현장 사진, 시신을 수습하기 위해 사용했던 물품 등이 전시되어 있습니다. 제2전시실은 5·18 민주화 운동의 발생 배경부터 전개를 사진, 영상으로 확인할 수 있습니다.

한 걸음 더 내딛기

5·18자유공원

광주광역시 서구 상무평화로 13

5·18자유공원은 민주화 운동 당시 정치군인들의 강경 진압에 맞서 싸우다 구금된 이들이 군사 재판을 받았던 상무대 군사 법정과 영창을 100m 떨어진 거리에 복원한 곳입니다. 옛 상무대의 헌병대 중대 내무반, 사무실, 창고, 식당, 목욕탕, 영창 등의 외관을 그대로 살리고 내부에는 당시의 모습을 느낄 수 있는 자료를 전시했습니다. 곳곳에는 당시 헌병대로부터 핍박 받았던 이들의 모습이 사실적인 조형물로 재현되어 있습니다.

전일빌딩245

광주광역시 동구 금남로 245

광주의 행정과 금융의 중심지였던 금남로는 1980년대 민중 투쟁의 흔적을 고스란히 보여 주는 현장이기도 합니다. 100여 년간 한 자리를 지켜 왔던 전일빌딩은 5·18 민주화 운동 당시 새겨진 245개의 총탄 자국이 발견되면서 민주화의 역사를 알리는 공간으로 다시 태어났습니다. 건물의 9~10층에 걸친 'Memorial Hall'에서는 실제 탄흔과 5·18 민주화 운동 관련 증언과 기록을 살펴볼 수 있습니다. 또 민주화 운동에 대한 그간의 왜곡과 진실을 설명해 놓은 전시도 인상적입니다. 옥상인 전일마루에서는 뜨거운 함성이 쏟아졌던 그날의 금남로 광장을 한눈에 내려다볼 수 있습니다.

맞춤형 활동 자료

| 영화와 소설 속 5월 18일 | 5·18 민주화 운동의 배경과 전개 과정 | 노래에 담긴 오월 이야기 | 참배 방법과 예절 | 5·18 현장 취재 기사 작성하기 |

→ 활동집 40~41p

 **미리 보기**

5·18 민주화 운동은 우리나라 민주화의 기점이 된 중요한 역사이기 때문에 많은 시간이 흐른 지금까지도 그날의 아픈 흔적과 생생한 이야기를 담은 콘텐츠가 많이 제작되고 있습니다. 당시의 상황을 다양한 시각으로 조명하며 숨겨진 진실과 희생자들의 목소리를 담아낸 작품들을 만나 봅니다.

 택시운전사 (2017)

| 감독 | 장훈 |
| 출연 | 송강호, 토마스 크레취만, 유해진, 류준열 |

1980년. 서울의 한 택시 기사가 취재에 나선 독일 기자를 우연히 태우 광주로 향했다가 민중 항쟁의 모습을 목격하는 내용입니다. 5·18 민주화 운동을 세계에 알린 독일 기자 위르겐 힌츠페터와 그를 도운 택시 기사 김만섭 씨의 실화를 담은 영화입니다.

 화려한 휴가 (2007)

| 감독 | 김지훈 |
| 출연 | 김상경, 안성기, 이요원, 이준기, 박철 |

1980년 5월 17일, 전국으로 확대된 비상 계엄령 조치로 억압됐던 광주 시민들의 이야기입니다. 소소한 행복에 만족하며 살아가던 택시 기사, 사랑하는 이들을 잃은 퇴역 장교 등 다양한 인물들을 통해 당시 사람들의 민주화를 향한 염원을 느낄 수 있습니다.

 빼앗긴 오월 (2015)

| 작가 | 장우 |

평범한 가족이 감당하기에는 너무나도 고통스러웠던 1980년 광주의 모습을 진정성 어린 묘사로 전하는 소설입니다. 중학생인 첫째 아들 준영이가 우수한 성적으로 학교를 졸업하고 광주 소재의 고등학교로 진학하지만, 예상 밖의 비극을 만나며 가족의 화목한 일상은 무너져 버립니다.

 내가 가장 예뻤을 때 (2009)

| 작가 | 공선옥 |

가장 예뻐야 할 20대에 가장 아픈 시간을 견뎌야만 했던 이들의 시선으로 5·18 민주화 운동을 그려낸 소설입니다. 해금이와 친구들은 혼돈의 시대 속에서도 서로를 챙기기 위해 노력합니다. 이들의 행보는 민주화 운동의 모습만큼이나 아름다우면서도 슬프게 와 닿습니다.

전태일, 노동 운동에 불을 지피다

"우리는 기계가 아니다. 근로 기준법을 준수하라!"

청년 전태일이 자신의 몸에 불을 지르며 마지막으로 했던 말입니다.
청계천 평화시장에서 재단사로 일했던 그는 장시간 노동과 저임금,
열악한 업무 환경, 보호 장치 없는 노동자들의 현실 등을 자각하고
우리나라의 노동 환경 변화에 크게 이바지한 인물인데요.

전태일은 노동 환경의 처우 개선을 위해 분신자살의 방법으로
돈 없고 힘없는 이들의 소외된 상황을 세상에 널리 알렸습니다.
그리고 이후 50년이 흐른 2020년 11월,
노동계 인물로는 최초로 국민훈장 무궁화장에 추서됐습니다.

오늘날 우리가 당연하다고 여기는 권리 속에는
이렇게 누군가의 피 끓는 의지와 투쟁의 역사가 녹아 있는데요.
22살, 꽃다운 나이에 생을 마감했던 청년 전태일의 족적을 따라
한국 노동 인권의 역사를 살펴봅니다.

주요 키워드

#전태일 #근로자 #근로기준법
#인권 #노동 #최저임금

1

전태일 기념관

information

주소 서울특별시 종로구 청계천로 105

이용 시간 하절기(3~10월) 10:00~18:00
동절기(11~2월) 10:00~17:30
매주 월요일, 1월 1일,
명절 당일 휴무

입장료 –

문의 02-318-0903

1 전태일기념관 외관
2 1970년대 임금 인상을 위한 팻말
3 1970년대 열악했던 봉제 공장 환경
4 전태일 사진
5 전태일의 유년 시절

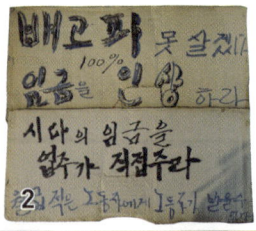

전태일기념관은 한국 노동 운동사의 대표 인물인 전태일을 기념하고 그의 정신을 기려 근로자들의 활동을 지원하는 공간입니다. 이곳은 전태일이 분신했던 장소인 평화시장 근처에 위치해 있습니다. 건물 외벽에 빼곡하게 쓰인 글씨들은 그가 자필로 써서 근로 감독관에게 제출했던 진정서를 재편집하여 꾸며 놓은 것입니다.

기념관은 총 4개의 전시관으로 구성되어 있으며, 1부 '전태일의 어린 시절'에서는 가족의 생계를 책임지기 위해 전국 각지를 돌아다니며 일했던 그의 성장기를 한눈에 볼 수 있습니다. 우산 장수, 구두닦이, 신문팔이로 생계를 전전하면서도 학업을 놓지 않았던 그의 열의를 느낄 수 있는 대목입니다. 2부 '전태일의 눈'에는 청년 전태일이 평화시장 재단사가 되어 온갖 질병에 시달리던 근로자들을 목격하면서 본격적으로 노동 운동에 눈을 뜨게 된 과정이 소개되어 있습니다.

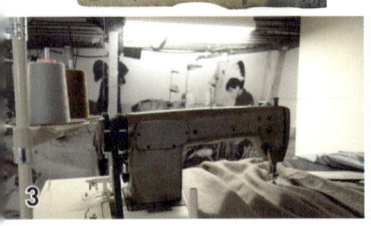

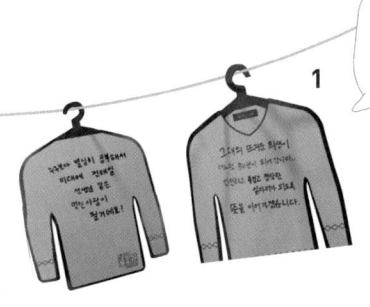

전시실 한 켠에 담긴 메모에는 청년 전태일의 숭고한 희생을 잊지 않겠다는 말들이 적혀 있어 괜시리 가슴이 뭉클합니다.

3부 '전태일의 실천' 코너에서 가장 눈에 들어오는 사료는 전태일 이름 석 자가 새겨진 '바보회' 회장 명함과 노동 실태 조사 설문지입니다. 바보회는 1968년 12월, 전태일이 재단사 10명을 모아 결성한 노동 운동 단체였습니다. 그들은 첫 활동으로 근로자들의 노동 실태를 조사하여 시청과 노동청에 진정서를 제출했습니다. 그 일로 전태일은 직장에서 해고를 당했지만, 이에 굴하지 않고 평화시장으로 돌아와 동료들과 함께 '삼동회'를 다시 결성했습니다. 그들이 평화시장 노동 실태 설문 조사를 바탕으로 노동청에 제출했던 진정서는 신문 보도로 세상에 알려지기도 했습니다.

1 관람객들의 추모글
2 이소선 여사 흉상
3 전태일의 수기

달라지지 않는 세상에 분노한 전태일은 1970년 11월 13일, 청계천의 다리 앞에서 '우리는 기계가 아니다'라는 문구가 적힌 플래카드를 들고 거리 시위를 벌였고, 근로 기준법 책을 안은 채 자신의 몸에 불을 붙였습니다.

그의 어머니 이소선 여사는 노동 환경 개선에 대한 아들의 못다 한 꿈을 이루기 위해 불철주야 목소리를 냈습니다. '노동자의 어머니'로 불렸던 그의 행적은 4부 '전태일의 어머니' 코너에 생생하게 드러나 있습니다.

전태일기념관은 상설 전시 외에도 노동을 주제로 한 공연, 노동 인권 교육 등 다양한 프로그램들을 제공하고 있습니다.

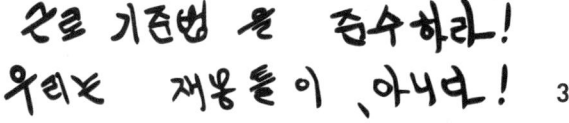

2
전태일다리
(버들다리)

information

주소	서울특별시 종로구 종로5가 일대
이용시간	연중무휴
입장료	–
문의	–

1 전태일다리 위 흉상
2 다리 위에서 바라본 청계천
3 전태일의 기록이 적힌 조형물

전태일다리는 서울 종로구 종로 5가와 을지로 6가 사이의 청계천을 가로지르는 다리입니다. 이곳은 2005년, 청계천이 복원되면서 세워진 다리로 하천 주변에 왕버들이 많아 '버들다리'로 불렸습니다. 이 인근은 전태일이 노동 환경을 외면하는 세상에 일침을 남기고 분신자살을 했던 곳이었습니다. 이후 전태일 재단은 버들다리에 전태일의 흉상과 현판을 세우면서 다리의 이름에 대해 여러 차례 건의했습니다. 그리고 그 의미를 인정받아 전태일다리라는 새로운 이름과 기존의 버들다리라는 명칭을 함께 사용하게 됐습니다. 전태일다리 주변에는 그의 모습을 본뜬 조형물과 그의 일기, 그를 추모하는 글들이 새겨져 있습니다.

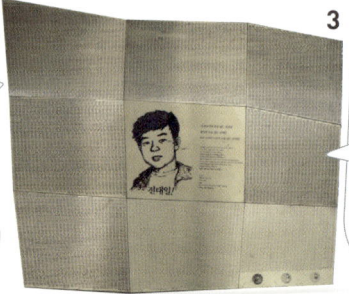

이 결단을 두고 얼마나 오랜 시간을
망설이고 괴로워했던가.
지금 이 시각 완전에 가까운 결단을 내렸다.
나는 돌아가야 한다. 꼭 돌아가야 한다.
불쌍한 내 형제의 곁으로 내 마음의 고향으로
내 이상의 전부인 평화시장의 어린 동심 곁으로
– 1970년 8월 9일, 전태일의 일기 中

친구여
나를 아는 모든 나여.
부탁이 있네.
나를,
지금 이 순간 나를 영원히
기억해주길 바라네.
– 1969년 11월, 전태일 씀

1 평화시장 건물
2 '노동인권의 길' 위 동판
3 평화시장 원단 가게

2021년에는 전태일 50주기를 맞아 청계천 삼일교 앞에서부터 전태일다리까지 1.6㎞ 구간에 '노동인권의 길'이 조성됐습니다. 각계각층의 시민 수천 명의 참여로 만들어진 이 길에는 4,130여 개의 동판이 새겨져 있습니다. 이 동판에는 개인부터 시민 단체, 노동조합 등이 직접 쓴 메시지가 있습니다. 하나 같이 전태일 열사의 헌신을 기억하고, 근로자 인권을 보장하는 세상이 오기를 바라는 마음들이 빼곡히 담겨 있습니다.

재우쌤의 Tip!

아직 노동에 대해 직접 겪어 보지 못한 아이들에게 '근로 기준법', '노동', '인권'과 같은 개념은 낯설고 어려울 수 있습니다. 여행을 하기 전 아이들이 70년대의 노동 환경과 노동법에 대해 먼저 학습할 수 있도록 해 주세요. 동일한 키워드로 현재의 모습과 비교해 보는 과제를 내 주는 것도 좋습니다.

다리 옆으로는 전태일의 사연이 스며 있는 평화시장이 보입니다. 국내 패션 산업의 출발점이라고도 불리는 동대문 평화시장은 6·25 전쟁 당시 청계천 주변 판자촌에 모여 살던 피란민들이 재봉틀 한두 개를 놓고 옷을 지어 팔며 형성된 곳입니다. 1층에는 의류 판매점, 2층에는 봉제 공장이 있어 한 건물에서 생산과 유통이 동시에 이루어지는 구조였습니다. 1960~70년대 당시 평화시장의 영향으로 동대문 일대에 거대 의류 유통 상가가 들어서기도 했습니다. 이곳에는 여전히 많은 사람들이 의류 관련 직종에 종사하며 생계를 꾸려 가고 있습니다.

전태일 분신 현장

서울특별시 중구 을지로6가

평화시장 입구에는 전태일이 노동 환경의 현실을 부르짖으며 분신했던 지점이 동판으로 표시되어 있습니다. 평화시장은 대구에서 나고 자란 전태일이 서울에 올라와 미싱 보조부터 재단사까지 거쳐 갔던 곳이었습니다. 그는 집보다 더 많은 시간을 이곳에서 머무를 정도로 열심히 일했지만 권리를 보호 받지 못하는 많은 근로자들을 목격하며 투지를 키워 나갔습니다.

바닥 위 동그란 동판에는 '1970년 11월 13일 평화시장 재단사 전태일, 여기서 근로 기준법 준수를 외치다.'라고 적혀 있습니다.

 맞춤형 활동 자료

| 청소년이 알아야 할 기초 노동법 | 역사 속 인권을 지켜 낸 인물 | 전태일기념관 견학 보고서 | 노동이 뭐예요? | 내가 만약 봉제 공장 사장이라면? |

↗ 활동집 42~43p

 미리 보기

경제적인 여유를 얻거나 다양한 경험을 쌓기 위해 아르바이트를 하는 청소년들이 늘고 있습니다. 이렇게 본격적으로 일을 시작하기 전 기초 노동법에 대해 잘 알고 있어야 우리들의 소중한 권리도 마땅히 보호 받을 수 있는데요. 청소년이 필수로 알아야 할 노동법을 살펴봅니다.

Q 아르바이트는 몇 살부터 할 수 있나요?

A 근로 기준법 제64조에 따라 만 15세 이상부터 일할 수 있습니다. 단, 연령에 따라 필요로 하는 서류가 다르니 꼭 확인하세요.

Q 근로 계약서는 꼭 작성해야 하나요?

A 근로 계약서는 근로 조건을 명시한 서류이므로 일하기 전 반드시 작성하고, 작성된 근로 계약서를 달라고 요구해야 합니다. 근로 조건을 문서로 명확히 정하지 않으면 나중에 임금 체불 등 부당한 대우가 발생하더라도 효과적으로 대응하기 어렵기 때문에 꼭 작성하도록 합시다.

Q 일하는 시간은 얼마까지 허용되나요?

A 만 18세 미만 연소 근로자는 하루 7시간, 1주일 35시간을 초과해서 일할 수 없습니다. 또한 야간(오후 10시~오전 6시)과 휴일에도 일할 수 없습니다. 단, 사용자와 합의 하에 하루 1시간, 1주일에 5시간을 한도로 연장 근무를 할 수 있고, 연장 근무 및 야간 근무를 했다면 추가 임금을 받아야 합니다.

흘깃

오래 보아야 깊이 이해할 수 있는 것일까요?

사람이 무언가를 인식하는 데에 걸리는 시간은 단 0.03초입니다.
흘깃 스친 순간에도 보고, 듣고, 느낄 수 있는 것이죠.
여기에 상상력과 호기심이 더해진다면
찰나가 영원으로 기억될지도 모를 일입니다.

머리에서 한 번, 가슴에서 또 한 번,
이곳에 우리를 꿈틀거리게 하는 매력적인 여행이 기다리고 있습니다.

인천
차이나타운에서 만나는 중국

인천은 1883년 제물포항이 개항된 이후 우리나라 최초의 도시 계획 아래
중국과 일본의 조계지가 조성된 곳입니다.
세계 각지의 상공업, 교육, 문화, 종교 등이 항구를 통해 인천으로 유입됐고,
이 근대 문물은 인천을 중심으로 다시 전국적으로 확산됐습니다.

과거 화교들이 정착하여 수입 물품과 중식을 팔았던 인천 차이나타운은
현재 이국적인 느낌이 물씬 풍기는 우리나라 대표 관광지가 됐는데요.
수십 개의 중화요리 음식점이 줄지어 있는 이 거리에는
삼국지 벽화거리, 한중문화관, 짜장면박물관, 선린문 등
오직 이곳에서만 볼 수 있는 명소들로 가득합니다.

차이나타운 곳곳을 누비고 있으면
여권 없이 중국 여행을 떠나온 기분도 드는데요.
인천 차이나타운에서 중국의 다양한 문화 이모저모를 살펴봅니다.

주요 키워드 🔍

#중국 #차이나타운 #개항 #한중수교

#짜장면 #근대문물 #해외여행

4 인천 창의여행 코스

N

이동 시간	이동 4회	약 17분
체험 시간	체험 4회	약 3시간
교 통 비	–	

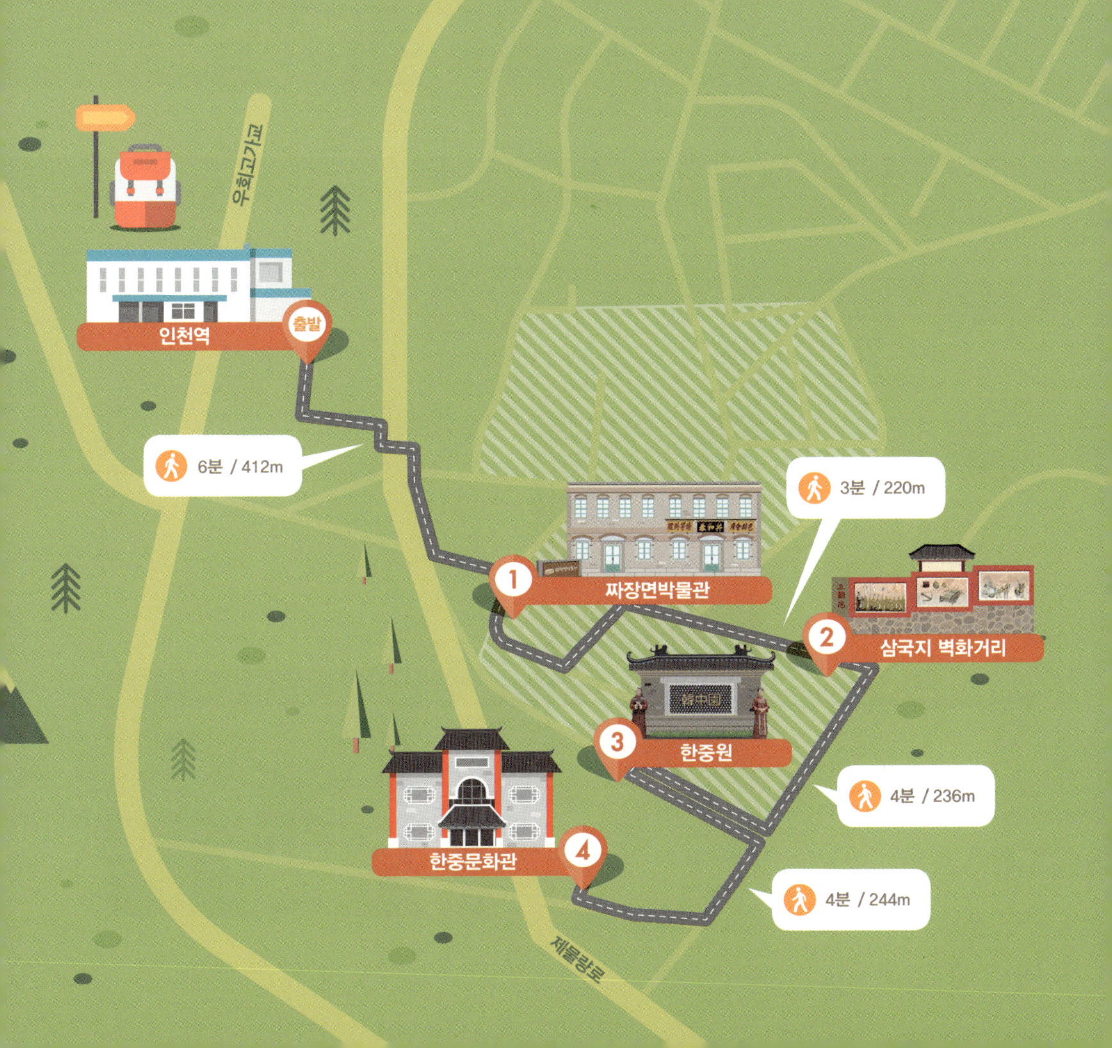

우회고가교
인천역
출발
6분 / 412m
1
짜장면박물관
3분 / 220m
2
삼국지 벽화거리
3
한중원
4분 / 236m
4
한중문화관
4분 / 244m
제물량로

짜장면 박물관

information

주소	인천광역시 중구 차이나타운로 56-14
이용시간	09:00~18:00 매주 월요일 휴관
입장료	성인 1,000원 청소년 700원 어린이 무료
문의	032-773-9812

1 짜장면박물관 외경
2 짜장면 배달부 조형물
3 화교 역사와 짜장면
4 1930년대 공화춘 접객실

상식 ➕ 더하기
짜장면의 탄생과 발전

임오군란 때 청나라 군인들을 따라 들어온 상인들이 인천에 터를 잡고 중국 음식을 팔면서 우리나라에도 짜장면이 첫선을 보였습니다. 짜장면은 1948년, 캐러멜 소스를 더한 춘장의 탄생으로 한국인의 입맛에 맞는 달콤 짭짤한 음식으로 완성됐습니다. 여기에 보온력을 높이기 위해 물 전분을 가미하기 시작하면서 배달 음식의 대명사로도 거듭났습니다.

짜장면박물관은 우리나라 개항 초기 인천에서 인기 중국 음식점이었던 '공화춘'을 리모델링하여 조성했습니다.

중국풍의 외관이 돋보이는 짜장면박물관은 짜장면의 역사와도 맞닿아 있는 한국의 화교 사회부터 먼저 설명되어 있습니다. 또 경인 지역 최고의 음식점으로 70여 년간 명성을 떨쳤던 공화춘에 대한 설명도 자세히 나와 있습니다.

짜장면 전문 박물관 답게 이곳에서는 짜장면의 역사, 가격, 그릇, 배달 철가방 등을 두루 살펴볼 수 있습니다. 그 옛날 중국집의 모습도 실제처럼 재현되어 있어 짜장면 한 그릇과 함께 추억 여행을 떠날 수도 있습니다.

삼국지 벽화거리

Information

주소	인천광역시 중구 제물량로 262-15
이용시간	연중무휴
입장료	-
문의	032-760-6475

중국 삼국 시대를 배경으로 등장인물간의 의리와 배신을 담은 《삼국지》는 동서고금을 막론하고 오늘날까지 사랑 받는 고전입니다. 이 작품은 낯선 중국의 역사와 문화를 이해하는 데에도 도움을 줍니다.

삼국지 벽화거리는 이처럼 한국과 중국의 문화적 가교 구실을 하는 《삼국지》의 주요 장면을 100여 개의 그림 타일로 만날 수 있는 길입니다. 150m에 달하는 벽화에는 소설 속 내용이 상세하게 담겨 있어 내용을 복습하며 둘러보기 좋고, 책을 읽지 않았더라도 쉽게 줄거리를 이해할 수 있습니다. 또 도원결의, 삼고초려 등 《삼국지》에서 비롯된 고사성어를 자연스럽게 학습하며 한자와도 친해질 수 있습니다. 삼국지 벽화거리는 걷는 것만으로도 책 한 권을 읽은 듯한 경험을 선사하며, 실감 나는 그림과 함께 사진으로 추억을 남기기도 좋습니다.

1~2 삼국지 벽화거리
3 《삼국지》 포토존
4 《삼국지》의 한 장면

> 꽃이 피면 나비는 꽃가지에 가득하고
> 꽃이 시들면 나비는 날아가 버린다
> 오직 옛 둥지를 잊지 않은 제비만
> 주인이 비록 가난하여도
> 여전히 찾아오도다
> - 《삼국지》 중

3 한중원

information

주소 인천광역시 중구
      차이나타운로59번길 12

이용시간 연중무휴

입장료 -

문의 032-760-6477

1 한중원 입구
2 담장 너머의 풍경
3 목교와 정자
4 연못의 구름다리

한중원은 차이나타운을 탐방하면서 잠시 쉬어 가기 좋은 중국식 정원입니다. 이곳은 한국과 중국의 문화 교류와 관광객들의 휴식을 위해 마련된 곳으로 중국의 4대 정원으로 불리는 쑤저우의 졸정원과 유원의 모습을 본떠 만든 것입니다.

중국 전통 정원에 사용되는 영벽, 조벽, 정자, 목교, 연못 그리고 용 모양 기와를 얹은 담장을 통해 고즈넉한 분위기를 조성했고, 중국의 전통 수목인 대나무, 장미, 모란 등을 식재한 것이 특징입니다. 이는 청나라 시대의 소주 지역 문인들이 글을 쓰고 여유를 즐겼던 정원과 흡사합니다. 이곳에서 머물며 그들의 삶과 마음을 잠시나마 느껴 볼 수 있습니다.

4

한중문화관

information

주소	인천광역시 중구 제물량로 238
이용시간	09:00~18:00 매주 월요일 휴관
입장료	성인 1,000원 청소년 700원 어린이 무료
문의	032-760-7860

2005년, 인천 차이나타운 활성화를 위해 개관한 한중문화관은 중국의 역사와 문화를 살펴볼 수 있는 전시를 진행합니다. 이곳은 1층 갤러리, 2층 한중문화전시관, 3층 우호도시홍보관, 4층 공연장으로 구분되어 있습니다.

1 한중문화관 외경
2 중국 의상 체험존
3 전시실 전경
4 중국의 음식

본격적인 전시가 시작되는 2층 한중문화전시관에서는 중국의 역사와 문화를 아우르고 있습니다. 특히 한국과 중국 두 나라의 생활상과 경제, 사회에 대한 설명이 각각 나열되어 있어 두 나라의 공통점을 찾아보고, 차이를 비교해 보는 시간을 보낼 수 있습니다.

3층 우호도시홍보관은 중국 8개 도시에서 기증한 390여 점의 전시물을 통해 고대부터 현대에 이르는 중국의 역사를 따라가 볼 수 있습니다.

한중문화관에서는 한국인을 위한 중국어 교실과 외국인을 위한 한국어 교실을 운영하고 있으며, 중국 궁중 의상 입어 보기, 중국 차 시음 등 다채로운 체험 프로그램도 진행합니다.

한 걸음 더 내딛기

인천개항박물관
인천광역시 중구 신포로23번길 89

인천 개항의 역사를 고스란히 담고 있는 인천개항박물관은 후기 르네상스 양식으로 건축된 옛 일본 제1은행 건물을 개조하여 만들었습니다. 이곳에서는 1883년 개항 이후 인천항을 통해 들어온 근대 문물을 전시하며, 한국 최초의 철도인 경인철도 관련 유물과 자료도 소개하고 있습니다. 개항기 인천의 거리 풍경을 각종 그림과 모형, 시청각 자료 등으로 꾸며 놓은 제3전시실에서는 역사의 단편과 함께 사진을 찍을 수 있습니다. 이 건물이 은행으로 사용될 당시 금고를 활용해서 조성한 개항기 금융 기관과 인천전환국 전시도 이곳만의 볼거리입니다.

한국근대문학관
인천광역시 중구 신포로15번길 76

한국근대문학관은 우리나라 대표 문인들과 근대 문학 속에 묘사된 인천의 모습을 살필 수 있는 공간입니다. 이 문학관은 개항장 주변에서 창고로 쓰이던 공간을 쓸고 닦아 재탄생한 곳이기 때문에 더욱 의미가 깊습니다. 이곳에서는 일제 강점기 속 자주독립의 의지를 노래했던 작품, 개인의 정서를 표현한 작품, 리얼리즘을 강조한 작품 등 1890년대 계몽기부터 1940년대 후반까지 시대별 문학의 특징과 작가들을 만날 수 있습니다. 대표 소장품으로는 <운수 좋은 날>이 실린 현진건의 단편 소설집, <소설가 구보씨의 일일>을 쓴 박태원의 소설집 초판본, 윤동주의 유고 시집 등이 있습니다.

맞춤형 활동 자료

우리나라의 차이나타운

| 영화로 만나는 중국 역사 이야기 | 차이나타운 속 근대 건축물 탐방 | 우리 반 비정상회담 | 차이나타운에서 즐기는 맛과 멋 |

→ 활동집 44~45p

미리 보기

화교들의 생활 터전인 차이나타운은 동남아시아 일대와 미국 뉴욕, 영국 런던 등 세계 곳곳에 형성되어 있습니다. 근대 개항과 함께 중국과 인접한 우리나라에는 많은 화교와 중국 문화가 본격적으로 유입되었고, 1992년 한·중 수교 이후 국내의 크고 작은 차이나타운이 더욱 활기를 띠기 시작했습니다. 인천을 비롯해 우리나라에 조성된 차이나타운을 만나 봅니다.

대림 차이나타운

서울특별시 구로구 대림동 일대에 형성된 차이나타운입니다. 2000년대 초반 일자리를 찾아 우리나라로 건너온 중국인들이 가리봉동에 정착했다가 재개발로 인해 대림으로 대거 이주하면서 이 지역 내 화교들이 증가했습니다.

겉보기에는 한국의 평범한 재래시장과 같은 대림중앙시장 안에는 중국어와 한국어가 섞인 간판이 즐비하며, 중국의 향기가 물씬 풍기는 각종 길거리 음식과 향신료를 판매하는 가게들이 가득합니다.

부산 차이나타운

부산 개항 후 1884년, 초량동에 청국영사관이 설립되면서 외국인들에게 치외법권을 누릴 수 있는 권한을 주는 청국 전관 조계지도 함께 설치됐습니다. 이후 부산을 통해 우리나라에 입국한 중국인들은 초량동 주위에 정착하기 시작했습니다. 1993년 부산과 상하이가 자매결연을 맺으면서 차이나타운이 확대되었고, 이곳 상해거리는 국내 유일의 차이나타운특구로도 지정됐습니다. 이곳에서는 매년 지역민들과 중국의 문화를 나누는 '부산차이나타운특구 문화 축제'가 열립니다.

수원

조선 최초의 계획도시

조선 22대 왕 정조는 계획이 다 있었습니다.
아버지 사도 세자가 뒤주 속에서 쓸쓸히 생을 마감하는 모습을 본 정조는
왕위에 오른 후 아버지의 능을 양주에서
조선 최대의 명당으로 꼽히는 수원의 화산으로 옮겼습니다.
그리고 부근의 읍치를 이전하여 신도시를 건설하고
화성이라는 성곽을 쌓았습니다.

이렇게 탄생한 수원화성은 조선 최초의 계획도시이자
강력한 왕도 정치를 꿈꿨던 정조의 이념이 치밀하게 반영된 결과물이었습니다.

전통적인 축성 기법에 실학 정신이 더해진 수원화성은
당대 과학 기술의 집약체였으며,
임진왜란 당시 수도 남쪽의 방어 기지의 역할도 톡톡히 해냈습니다.

조선 성곽 건축의 꽃이라 불리는 수원화성을 둘러보며,
조선 후기 과학과 기술, 그리고 문화에 대해 알아봅니다.

주요 키워드 🔍

#수원화성   #정조   #정약용   #거중기
#행궁   #사도세자   #세계유산

4 수원 창의여행 코스

이동 시간	이동 3회	약 53분
체험 시간	체험 3회	약 3시간
교 통 비	버스 1회	성인 1,500원 / 청소년 1,100원 / 어린이 800원

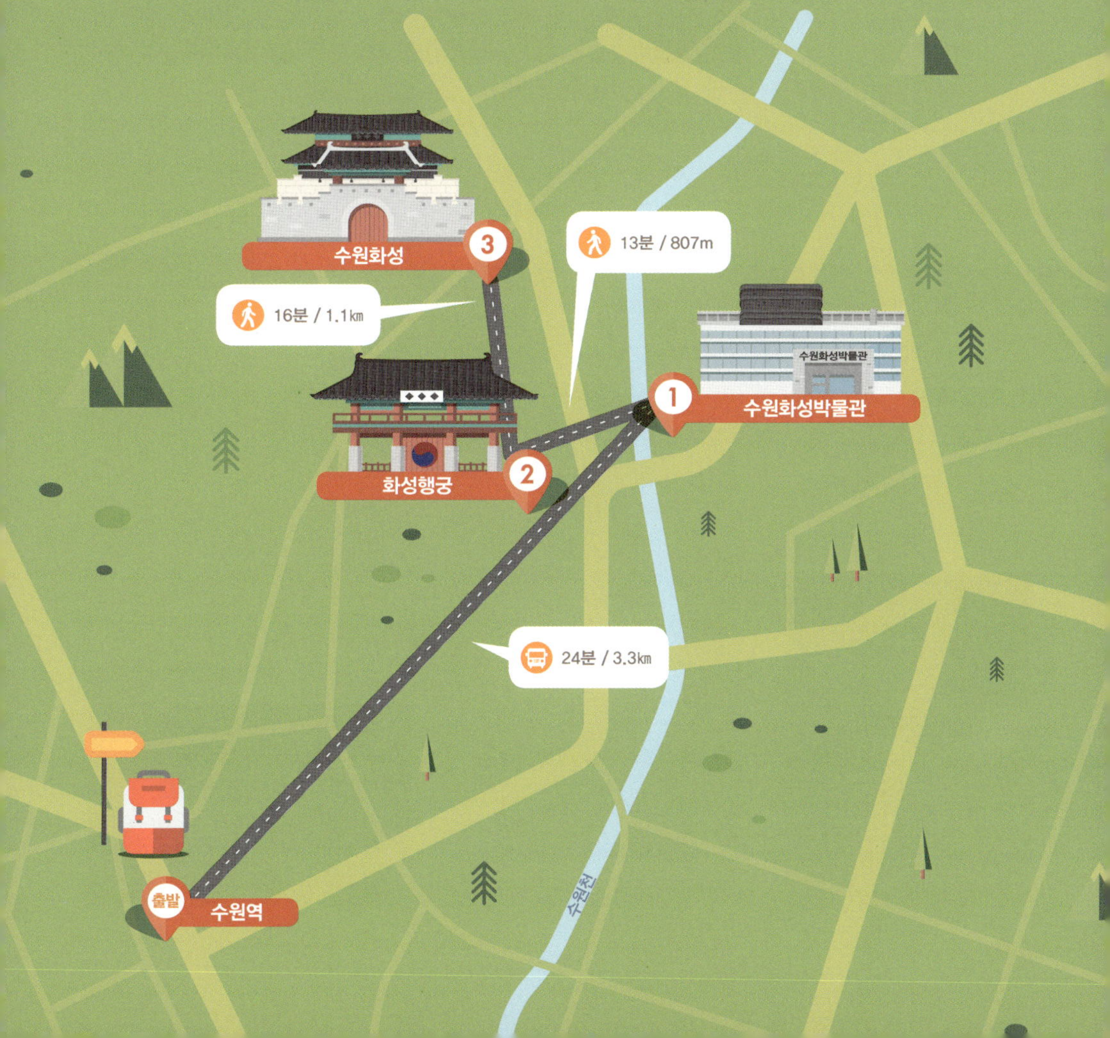

N
수원화성
3
16분 / 1.1㎞
13분 / 807m
수원화성박물관
1
화성행궁
2
24분 / 3.3㎞
출발
수원역
수원천

수원화성 박물관

information

- 주소: 경기도 수원시 팔달구 창룡대로 21
- 이용시간: 09:00~18:00 / 매주 월요일 휴관
- 입장료: 성인 2,000원 / 청소년 1,000원 / 어린이 무료
- 문의: 031-228-4242

1 수원화성박물관 상설 전시실
2 《화성성역의궤》
3 거중기를 이용한 석재 이동

수원화성박물관은 화성의 역사적 가치와 과학적 우수함을 널리 알리기 위해 2008년에 세워진 박물관입니다. 수원화성의 중심부에 위치해 있어 실제 문화재 탐방과 더불어 화성 축조 과정, 조선의 궁중 문화에 대해 학습할 수 있는 공간입니다. 상설 전시실은 1, 2층으로 나누어져 있으며, 2층에는 화성의 축성 과정과 생활 모습을 알려 주는 '화성축성실'과 화성에서 펼쳐진 궁중 행사를 재현해 놓은 '화성문화실'이 있습니다.

화성축성실은 화성의 축성 과정을 전반적으로 보여 주는 공간입니다. 화성 축성을 주도했던 정조와 그의 아버지 사도 세자와 관련된 내용, 그리고 정조가 구상한 계획도시인 수원화성의 건설 과정이 일목요연하게 정리되어 있습니다.

이곳에는 수원화성의 유네스코 세계 문화유산 등재에 큰 역할을 했던 《화성성역의궤》에 대한 설명도 자세히 나와 있습니다. 이는 수원화성 축성의 전 과정을 기록한 책으로, 건축 도면과 공사 비용, 공사에 참여한 사람들의 이름까지 수록되어 있어 당시 기술과 과학 수준을 이해하는 주요한 사료로 평가됩니다.

화성문화실에서는 어머니 혜경궁 홍씨의 회갑 잔치를 화성에서 거행하며 부모에 대한 예를 다했던 정조의 효심을 엿볼 수 있습니다.

정조는 1795년에 8일간 화성행차를 하며 다양한 궁중 연회를 마련했습니다. 어머니 회갑 잔치를 화성행궁에서 치르고, 인근 노인들을 모셔 양로연을 베풀었습니다.

그는 왕권 강화를 위해 왕의 직속 군대인 장용영을 만들어 군사력을 키우기도 했습니다. 무술에도 출중했던 정조는 직접 군사 훈련을 지휘하며 최강 전투 부대를 육성했습니다. 화성문화실에서는 당시 군사들의 무예와 그들이 사용했던 무기를 통해 화성의 위상을 이해할 수 있습니다.

1 화성능행도
2 세계의 성
3 화성행궁 봉수당 진찬연
4 녹로

1층에는 어린이체험실과 영상교육실, 기획전시실 등이 마련되어 있어 다양한 체험을 할 수 있습니다. 또 야외에는 화성 건축에 사용된 건축 기구의 복제본이 있습니다. 작은 힘으로도 무거운 물건을 들어 올렸던 거중기와 녹로를 보며 어떤 원리가 적용된 것인지 탐구해 보면 좋습니다.

2 화성행궁

information

주소	경기도 수원시 팔달구 정조로 825
이용시간	09:00~18:00 연중무휴
입장료	성인 1,500원 청소년 1,000원 어린이 700원
문의	031-228-4677

1 화성행궁 부감
2 봉수당
3 미로한정에서 바라본 화성행궁
4 〈정조대왕 능행 반차도〉가 그려진 벽

왕이 전란, 휴양, 능원 참배 등의 이유로 지방에 행차할 때 임시로 거처할 수 있도록 마련한 별도의 궁궐을 행궁이라고 합니다. 정조는 아버지 사도세자의 능을 현륭원으로 이장하며 그 지역에 수원 신도시를 건설했고, 팔달산 동쪽 기슭에 화성행궁을 건립했습니다. 이곳은 평소에는 부사 또는 유수가 집무하는 곳으로 활용되다가, 현륭원에서 여러 가지 행사가 거행될 때마다 정조의 임시 거처로 사용됐습니다. 정조는 1795년, 어머니 혜경궁 홍씨의 회갑연을 치르기 위해 기존의 몇몇 건물의 이름을 바꾸고 새 건물을 추가로 지어 이듬해에 화성행궁을 완공했습니다.

화성행궁은 600여 칸의 정궁 형태로 국내 행궁 중 가장 큰 규모이며 정치적, 군사적 기능 측면에서도 조선 시대에 지어진 행궁 가운데에서 가장 뛰어나다고 평가됩니다. 1910년대, 일제에 의해 병원과 경찰서로 사용됐던 이곳은 건물 개조의 명목으로 대부분의 건물이 파괴되기도 했습니다.

이후 낙남헌과 노래당만 계속해서 그 자리를 지키다가 1980년대 들어 지역 주민들의 노력을 통해 본격적인 복원 작업이 추진됐습니다. 그후 긴 공사 끝에 지금의 모습이 됐습니다.

3. 수원화성

Information

주소 　경기도 수원시 장안구
　　　 영화동 320-2
이용시간 　연중무휴
입장료 　-
문의 　031-290-3600

1 팔달문
2 동북공심돈
3 북수문 '화홍문'

1796년, 정조의 명으로 축조된 화성은 사도 세자를 향한 정조의 효심뿐만 아니라 당파 정치 근절과 강력한 왕도 정치의 실현을 위한 정조의 포부가 집약된 곳입니다.

크게 타원형을 그리는 수원화성은 서쪽으로는 팔달산을 끼고 동쪽으로는 낮은 구릉의 평지를 따라 돌며, 도시의 중심부를 감싸는 형태입니다. 전체 길이가 5.74km에 달하며, 장안문, 팔달문, 창룡문, 화서문 등 4개의 성문과 망루의 일종인 '공심돈', 대포를 두는 '포루', 요충지에 세우는 누각 '각루' 등을 두루 갖추고 있습니다. 이처럼 화성은 지형을 살려 쌓는 전통 축성 방식을 따르면서도 새로운 방어 시설을 도입한 것이 특징인데, 그 덕분에 군사적 방어 기능과 정치·행정적 기능을 모두 갖춘 실용적인 성이었습니다.

상식 ➕ 더하기

수원화성에 담긴 정조의 애민 정신

수원화성 축조 당시 기존의 민가들이 성 밖으로 밀려날 상황에 놓이자 정조는 국고가 더 들고 성곽의 형태가 변경되더라도 민가를 모두 수용할 것을 명했습니다. 또 공사 중 무더위가 극성을 부릴 때는 더위 먹은 병을 치료하는 환약을 지어 공역자들에게 하사하기도 했습니다.

1 수원화성 성벽길
2 장안문
3 동장대
4 동북각루와 용연

화성은 실학자 유형원의 이론을 바탕으로 정약용이 설계했으며 거중기, 녹로 등 당대의 뛰어난 설계 기술이 총동원됐습니다.

수원화성에는 눈여겨볼 만한 건축물들이 있습니다. 먼저 '동북공심돈'은 화성 동북쪽에 세운 망루입니다. 성곽 주변을 감시하고 유사시에 공격하기 위해 지어진 것입니다. 수원화성의 북문인 '장안문'은 수원화성의 상징인 팔달문과 함께 큰 규모를 자랑합니다. 또 화홍문이라는 이름으로 더 유명한 '북수문'은 수원천과 함께 시원한 광경을 선사합니다. 이 북수문은 원래 군사 시설로서 적을 감시하는 용도였지만 아름다운 경치 덕분에 쉬어 가는 정자로 더 많이 쓰였다고 합니다.

이처럼 역사성과 과학성, 예술성까지 모두 겸비한 화성은 조선 문화의 절정을 보여 주는 건축물로 1997년 12월에 유네스코 세계 문화유산으로 등재됐습니다.

재우쌤의 Tip!

수원화성 관광 안내소에서 책자를 받아 '수원화성 성곽길 스탬프 투어'를 즐기면 화성행궁, 수원화성박물관, 장안문, 팔달문, 수원전통문화관 등 성곽 주변의 10경을 두루두루 살펴볼 수 있습니다. 각 시설이 새겨진 도장을 구경하는 재미도 쏠쏠하답니다.

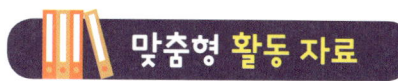

| 인물로 만나는 수원화성 이야기 | 수원화성으로 읽는 조선 후기 역사 | 화성행궁 구석구석 둘러보기 | 수원화성 깃발로 배우는 한자 | 건축물 따라 걷는 스탬프 투어 |

활동집 46~47p

 미리 보기

수원화성은 한국의 전통과 역사를 고스란히 담고 있는 세계적인 문화유산입니다. 정조의 구상을 중심으로 수원화성이 탄생하기까지 많은 학자, 기술자, 예술가들의 고민과 노력이 있었는데요. 수원화성 축조에 몸담았던 여러 인물들을 만나 봅니다.

다산 정약용 (1762~1836)

조선 후기 실학을 집대성한 학자입니다. 18세기 남인을 대표하는 인물이었던 그는 정조의 깊은 총애를 받아 임금의 측근에서 정치와 학문 활동을 펼쳤고, 거중기를 고안하여 수원화성 축조에 기여했습니다.

또 토지 개혁에도 관심이 많아 마을 단위로 작물을 공동 생산한 후 노동력에 따라 수확량을 분배하는 '여전제'를 구상했고, 백성들에게 토지를 골고루 지급하여 자영농 육성을 추구하는 '정전제'를 주장했습니다. 그가 백성들을 위해 쓴 《목민심서》, 《경세유표》, 《흠흠신서》 등의 저서는 당대 정책은 물론이고 후대에도 많은 영향을 미쳤습니다.

번암 채제공 (1720~1799)

남인 중에서도 청남 계열의 지도자였던 채제공은 정조 즉위 후 영의정 등의 요직을 역임했습니다. 제도 개선에 큰 뜻을 품었던 그는 조선의 중흥을 모색하던 정조의 개혁을 보필하고 탕평책을 적극적으로 추진했습니다. 수원화성 축조의 책임자로서 치밀하게 축성 계획을 세우고, 이를 성공적으로 이끌며 초대 화성 유수를 역임하기도 했습니다.

이후 대상인의 특권을 폐지하고 소상인의 활동 자유를 늘리는 '신해통공'을 주도하였으며, 천주교에 대한 온건 정책을 펼치고, 《영조실록》, 《국조보감》 편찬 작업에도 참여했습니다.

남원

춘향과 몽룡의 분홍빛 사랑 이야기

서양에 〈로미오와 줄리엣〉이 있다면 한국에는 〈춘향전〉이 있습니다.
'요즈음처럼 급변하는 세상 속에서 춘향과 몽룡처럼
구구절절한 사랑이 통할까?' 하는 생각도 물론 있겠죠.
하지만 〈춘향전〉에는 평등 사회, 권선징악과 같이
삶의 양식이 아무리 변해도 변치 말아야 할 가치들도 함께 녹아 있는데요.

우리나라의 대표 고전 문학 〈춘향전〉의 배경이 된 곳이 바로 남원입니다.
섬진강의 지류를 따라 지리산에 안긴 이곳은
예로부터 사랑의 고을로 통했습니다.

춘향과 몽룡의 만남부터 이별, 재회까지의 대서사가
광한루원, 오리정, 박석고개, 눈물방죽 등 남원 곳곳에 스며 있답니다.
그중 소설 속 두 인물의 사랑이 싹튼 장소로 등장하는 광한루원은
우리나라 4대 누각으로 불릴 만큼 조경사에서도 가치가 큰 문화유산인데요.

전통의 멋을 간직한 남원에서
봄바람처럼 살랑이는 청춘 남녀의 사랑을 만나 봅니다.

주요 키워드

#춘향전   #판소리   #누각   #고전문학
#암행어사   #춘향제   #인공정원

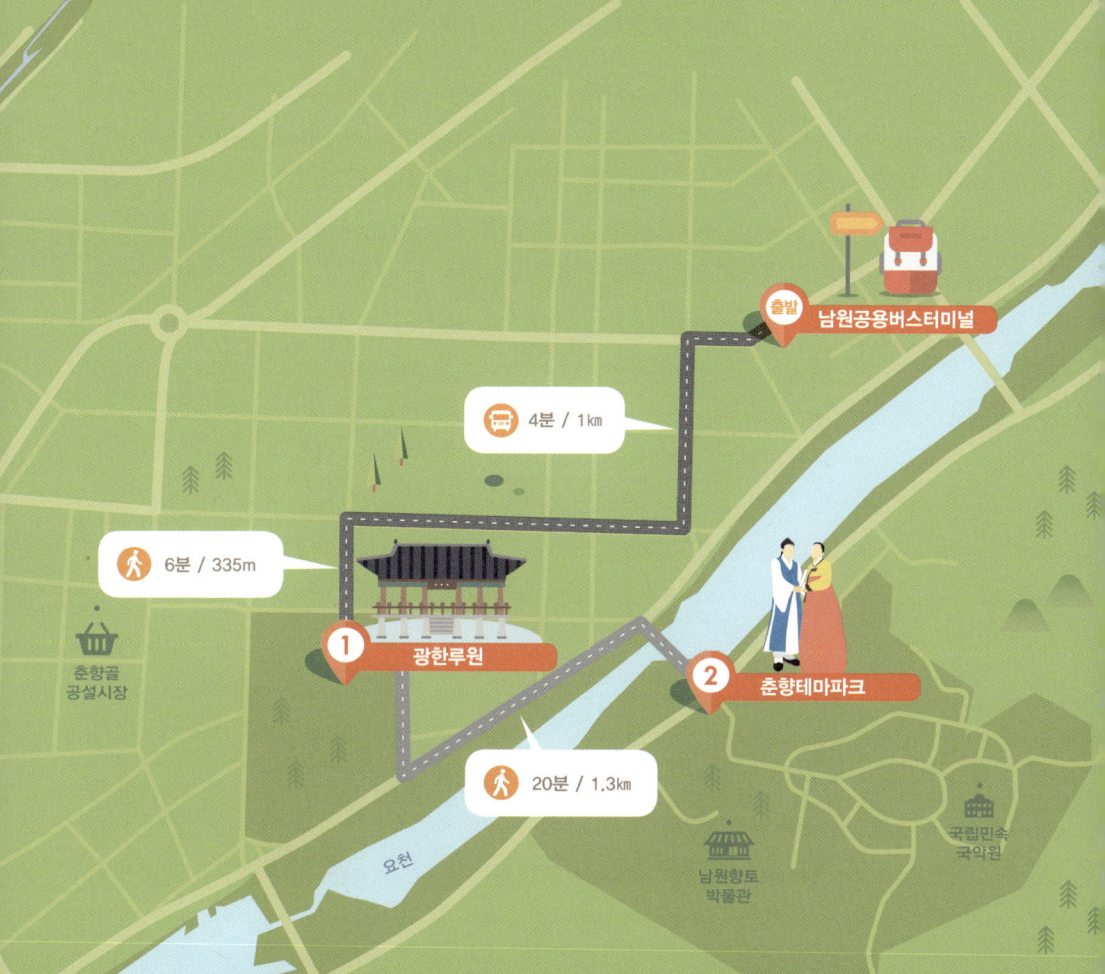

광한루원

information	
주소	전라북도 남원시 요천로 1447
이용시간	하절기(4~10월) 08:00~21:00 동절기(11~3월) 08:00~20:00 연중무휴
입장료	성인 3,000원 청소년 2,000원 어린이 1,500원 (18:00 이후 무료)
문의	063-625-4861

1 광한루원 전경
2 오작교
3 봉래섬

우리나라 명승으로 지정된 광한루원은 조선 시대 지방 관아에서 조성한 인공 정원으로 당시 세계관을 바탕으로 구축됐습니다. 조선의 학자 황희가 남원으로 유배되었을 때 '광통루'라는 중심 누각을 먼저 지었고, 이후 정인지가 전설 속 달나라 궁전 '광한청허부'를 닮은 이곳을 '광한루'라고 고쳐 부르며 오늘날까지 이어지고 있습니다. 여기에 선조 때 전라도관찰사를 지냈던 정철이 요천의 물을 끌어와 은하수를 닮은 연못을 파고, 4개의 반월형 교각으로 된 오작교를 놓아 정원의 모습을 완성했습니다.

광한루 앞 연못에는 신선이 사는 삼신산을 상징하는 방장섬, 봉래섬, 영주섬이 있는데, 섬 사이는 구름다리로 연결된 형태입니다. 천체와 우주의 의미를 가득 담고 만들어진 광한루원은 과거 선비들이 글을 짓고 풍류를 즐기는 장소이기도 했습니다. 김종직, 김시습 등 당대 문호들도 광한루원의 아름다운 경치에 취해 시문을 남길 정도였다고 합니다.

하지만 정유재란 때 방화로 한 차례 소실되면서 수십 년에 걸쳐 재건과 복구 작업이 이루어졌고, 그 과정에서 수중 누각 완월정이 새롭게 지어졌습니다.

1 완월정
2 월매집
3 춘향사당
4 춘향관

광한루원이 더욱 유명해지기 시작한 것은 〈춘향전〉에서 춘향이 그네를 타며 몽룡과 처음 인연을 맺은 장소로 알려지면서부터입니다. 이를 기점으로 이곳에는 춘향사당, 춘향관, 월매집 등 관련 시설이 들어섰습니다.

춘향의 어머니인 월매의 집을 재현한 '월매집'에서는 월매가 지냈던 본채, 춘향이 살았던 부용당, 행랑채와 소설의 생동감을 더하는 조형물들이 전시되어 있습니다. 광한루원 동쪽 대나무 숲에 위치한 '춘향사당'은 열녀 춘향의 굳은 절개와 함께 이 지역 선비들의 충절 정신을 기리기 위해 1931년에 건립됐습니다. 사당 안에는 김은호 화백이 그린 춘향의 영정이 봉안되어 있습니다. '춘향관'은 광한루원의 역사를 비롯하여 〈춘향전〉 전반을 다루고 있는 전시관입니다. 이곳에서는 영화, 드라마 등에 그려졌던 〈춘향전〉의 모습들과 관련 유물, 서화를 만날 수 있습니다.

 **재우쌤의 Tip!**

오래된 누각, 잔잔한 연못, 울창한 수목을 따라 광한루원을 거닐어 보세요. 여건이 된다면 해가 지고 난 후 한 번 더 방문하는 것도 추천합니다. 밤에는 조명을 받은 단청이 더욱 선명해지고, 달빛에 비친 연못이 보석처럼 반짝거리며 색다른 풍경이 펼쳐집니다.

춘향 테마파크

information

주소	전라북도 남원시 양림길 43
이용시간	하절기(4~10월) 09:00~22:00 동절기(11~3월) 09:00~21:00 연중무휴
입장료	성인 3,000원 청소년 2,500원 어린이 2,000원
문의	063-620-5799

1 춘향과 몽룡 조형물
2 춘향테마파크 현판
3 김소월의 〈춘향과 이도령〉 시비

춘향테마파크는 남원을 대표하는 〈춘향전〉을 주제로 꾸민 문화·예술 공간으로 2004년에 개장했습니다. 이곳은 춘향의 이야기를 크게 다섯 마당으로 구분하여 만남의 장, 맹약의 장, 사랑과 이별의 장, 시련의 장, 축제의 장으로 조성했습니다.

순서대로 길을 오르다 보면 설렘부터 슬픔, 기쁨까지 주인공의 감정선을 따라 여행을 즐길 수 있습니다. 중간중간에는 상경하는 몽룡을 붙잡는 춘향의 모습, 몽룡의 암행어사 출두 모습 등 춘향전의 명장면을 묘사한 조형물과 극의 이해를 돕는 표지판들이 세워져 있습니다.

이편에는 함양 저편에는 담양
꿈에는 가끔 가끔 산을 넘어
오작교 찾아 찾아가기도 했소

그래 옳소 내 누님, 오오 누이님
해 돋고 달 돋고 남원 땅에는
성춘향 아가씨가 살았다지요

— 김소월의 〈춘향과 이도령〉 중

1 사랑과 이별의 장 〈춘향뎐〉 세트장
2 시련의 장
3 이몽룡의 암행어사 출두 조형물
4 축제의 장

입구에서 바로 나오는 곳은 다섯 마당이 시작되는 '만남의 장'입니다. 이곳은 등장인물들이 서로 처음 연을 맺는다는 의미를 담고 있는 장이자 춘향테마파크를 찾은 사람들과 대면하는 설렘으로 가득한 장소이기도 합니다.

'맹약의 장'에는 '굳은 약속'이라는 맹약의 뜻답게 춘향과 몽룡이 절대 변치 않는 사랑을 약속하는 장면을 담고 있습니다. 세 번째 '사랑과 이별의 장'에는 과거 시험을 보기 위해 먼 길을 떠나는 몽룡과 그를 바라볼 수밖에 없는 춘향의 마음이 표현되어 있습니다. 이곳은 영화 〈춘향뎐〉의 세트장이 있어 영화의 긴 여운과 함께 추억을 남기기 좋습니다. '시련의 장'은 〈춘향전〉의 이야기 전개 중 절정을 다루는 구역입니다. 홀로 남겨진 춘향이 변 사또와 옥중 생활 때문에 힘들어하는 장면이 고스란히 담겨 있습니다. 마지막 '축제의 장'에는 암행어사로 금의환향한 몽룡과 다시 사랑의 결실을 맺고 행복한 삶을 꾸리는 춘향의 모습을 엿볼 수 있습니다.

사랑을 테마로 한 각종 포토존에서 사진을 남기고, 사랑 빗장길과 같이 테마파크에 숨은 8개의 오솔길을 찾는 것도 이곳의 특별한 재미입니다. 공원 내에 있는 남원향토박물관과 전통문화체험관도 함께 둘러보면 좋습니다.

 **재우쌤의 Tip!**

남원에서는 춘향과 몽룡이 만난 단옷날에 맞춰 매해 5월에 '춘향제'를 진행합니다. 1931년부터 시작되어 90여 년의 역사를 자랑하는 이 축제는 우리나라 대표 지역 축제로 자리매김했는데요. 소개한 체험지들과 더불어 전통과 현대가 어우러진 다양한 문화 프로그램을 만나고 싶다면 시간을 맞춰 춘향제를 즐겨 보세요.

한걸음 더 내딛기

오리정

전라북도 남원시 사매면 월평리 1165

오리정은 고려 시대부터 관찰사나 조정의 중요한 사람들을 영접할 때 이용했던 정자로 2층 목조 누각 형태입니다. 관아에서 5리 정도 떨어져 있다고 해서 이름 붙여진 이곳은 <춘향전> 속 춘향과 몽룡의 이별 장소로 알려져 있습니다. 몽룡이 한양으로 전직 발령이 난 아버지와 함께 먼 길을 떠나게 되면서 오리정에서 춘향과 슬픔의 눈물을 나눴다고 전해집니다.

오리정은 아름다운 공간 구성과 역사적 가치를 인정받아 현재 전라북도 문화재자료로 지정되어 있습니다.

맞춤형 활동 자료

| 한국 대표 고전 <춘향전> 속으로 | 광한루원을 읊다 | 다시 깨어나는 전통 건축, 누각 | 나는야 '조경사'로소이다 | 판소리 <춘향가> 업고 놀기 |

→ 활동집 48~49p

미리 보기

작자, 연대 미상의 <춘향전>은 우리나라의 대표 고전으로 지금까지 알려진 이본만 100여 종에 이릅니다. 신분을 초월한 사랑 이야기를 담은 <춘향전>은 조선 후기에 큰 인기를 끌었으며, 오늘날 소설, 연극, 판소리, 영화 등 다양한 장르로 우리에게 전해지는데요. <춘향전>의 등장인물과 주요 의미에 대해 알아봅니다.

작품 소개

갈래	판소리계 소설, 염정 소설	성격	해학적, 풍자적
주제	성춘향과 이몽룡의 신분을 초월한 지순한 사랑과 유교적 정절		

등장인물

성춘향	이몽룡	변학도	월매
양반 성 참판과 기생 월매 사이에서 태어났습니다. 사랑 앞에서는 강인하고 적극적인 성향을 보입니다.	남원 부사의 아들로 훗날 지방 관리의 부정을 바로잡는 암행어사가 됩니다. 양심적인 지배 계층을 상징합니다.	남원에 새로 부임한 사또로 주색에 빠져 정사를 돌보지 않고, 권력을 남용하는 부패 탐관오리의 전형입니다.	유명한 기생 출신입니다. 모성애가 강하고 의지적인 인물로 춘향과 몽룡의 관계에 적극적으로 개입합니다.

<춘향전>으로 보는 조선 후기 사회

신분 제도	조선 후기, 농업과 상업이 발달하면서 경제적으로 몰락하여 허울만 유지하는 양반이 생기는가 하면 돈으로 신분을 바꾸는 중인, 상인도 나타납니다.
여성관	인간 평등을 주장하는 실학, 천주교, 동학 등이 유입되면서 유교 사상으로 인해 사회와 격리되었던 여성들도 남성과 동등한 인격체라는 생각을 가지게 됩니다.
지방 정치와 감시 제도	왕권 강화를 위해 각 지방에 내려보낸 수령들이 개인적 욕심으로 각종 부정부패를 저지르면서 지방 관리를 감시하고 백성을 살피는 암행어사가 등장합니다.

보물섬에서 만나는 작은 독일

우리나라에서 다섯 번째로 큰 섬이자 천혜의 자연경관을 자랑하는 남해는
볼거리, 즐길 거리가 풍부하여 '보물섬'이라 불립니다.
가파른 산을 깎아 촘촘하게 들어선 계단식 논과 굽이진 길을 따라
탁 트인 바다를 바라볼 수 있는 해안도로의 조화가 특히 눈부신 마을이죠.

그중에서도 독일 전통 양식의 주택이 즐비한 남해독일마을은
유럽의 이국적인 풍경을 엿볼 수 있는 필수 관광 코스로 손꼽힙니다.
푸른 바다를 낀 아름다운 독일마을의 이면에는 1960~70년대,
머나먼 타향에서 땀 흘린 파독 광부와 간호사들의 역사가 깃들어 있는데요.
그들이 눈물 어린 수고로 벌어 온 외화는
전쟁 이후 세계 최빈국이었던 우리나라의 경제를
되살리는 데에 큰 보탬이 됐습니다.

우리나라의 작은 독일로 통하는 남해독일마을을 둘러보며,
대한민국 근대화의 초석이 된 이들의 발자취를 느껴 봅니다.

주요 키워드

#독일 #파독 #광부 #간호사
#경제발전 #이주노동자 #다문화

1

남해
독일마을

information

주소	경상남도 남해군 삼동면 독일로 89-7
이용 시간	연중무휴
입장료	-
문의	055-867-8897

1 남해독일마을 전경
2 마을 표지석
3 펜션으로 운영되는 독일식 건물
4 마을 광장

남해독일마을은 1960~70년대 산업 일꾼으로 독일에 파견되어 외화벌이를 하며 우리나라의 경제 발전에 기여했던 파독 광부와 간호사들을 위한 마을입니다. 이곳은 타국에서 땀 흘려 일한 이들의 공을 되새기고, 그들의 고국 정착을 돕기 위해 조성되어 2002년부터 입주를 시작했습니다. 입주 초반, 1세대 교포 40여 가구가 모여 살았으며, 20년의 세월이 흐른 현재는 그 자손들이 숙박 시설, 식당 등을 운영하며 거주하고 있습니다.

주황색 지붕과 흰색 벽이 어우러진 이곳의 건물들은 파독 광부, 간호사들이 독일에서 건축 자재를 수입하여 독일의 주택 양식으로 지은 것들입니다.

지은 이들에 따라 집과 정원의 모양과 구조는 조금씩 차이를 보입니다. 각 건물 앞에는 이곳에 정착한 사람들의 정보와 일대기를 간략하게 소개해 놓은 표시판이 세워져 있습니다.

남해독일마을은 외관만 이국적인 것이 아니라 독일의 전통 생활·문화를 체험할 수 있는 곳으로도 정평이 나 있습니다. 민박집에서는 독일어와 함께 독일의 역사를 접할 수 있으며 식당에서는 슈바인 학센, 슈니첼, 소시지, 맥주 등 독일을 대표하는 음식들을 만날 수 있습니다.

마을 정상의 광장에는 주민들이 공동으로 운영하는 독일식 포장마차 '도이처 임비스'가 있는데, 독일의 음식과 남해의 특산물을 판매합니다. 매년 10월에는 맥주 축제인 '옥토버 페스트'가 열리는데 퍼레이드, 콘서트, 독일 전통 의상 체험, 맥주 마시기 대회 등이 진행됩니다.

1 남해독일마을과 계단식 논
2 도이처 임비스
3 독일 소시지

재우쌤의 Tip!

남해독일마을은 실제 주민들이 거주하는 공간입니다. 아이들이 큰 소리로 떠들거나 남의 집에 함부로 들어가지 않도록 지도해 주세요. 또 산 중턱에 위치한 마을의 특성상 오르막길과 내리막길이 반복되고, 차를 이용하는 관광객들도 많습니다. 소그룹을 지어 마을을 둘러본 뒤 정해진 시간에 약속된 장소에서 만나는 방법을 추천합니다.

2 남해파독 전시관

information

주소	경상남도 남해군 삼동면 독일로 89-7
이용 시간	09:00~18:00 매주 월요일, 1월 1일, 명절 당일 휴관
입장료	1,000원(연령 및 단체 구분 없음)
문의	055-860-3540

1 남해파독전시관 전시실
2 타임터널
3~4 파독 광부들이 사용했던 물건

2014년 6월에 개관한 남해파독전시관은 독일로 떠났던 파독 광부와 간호사들의 역사와 애환을 주제로 건립된 전시관으로 남해독일마을의 광장에 자리하고 있습니다. 이곳은 가족 부양과 나라의 경제 발전을 위해 몸 바쳐 일했던 7천여 명의 광부와 1만 1천여 명의 간호사들을 기리고, 남해독일마을에서 여생을 보내는 이들의 삶을 나누는 공간이기도 합니다.

전시관에 들어서면 우리나라 경제 발전의 과정과 파독의 역사가 글과 그림으로 나열되어 있습니다. 그 길을 지나면 파독 광부들이 매일같이 '글릭 아우프(살아서 돌아오라)'라는 인사로 작업을 시작했던 지하 막장을 재현한 통로가 먼저 나옵니다. 타임터널이라고 부르는 이 구간에서는 빛 한 줌 없는 지하 1,200m 갱도에서 하루 반나절을 꼬박 일해야 했던 파독 광부들의 심경을 헤아려 볼 수 있습니다.

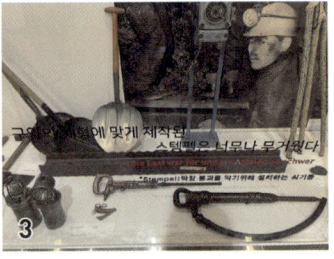

1 파독 광부들의 훈련과 파견 과정
2 파독 광부들이 일했던 광산 사진
3 영상 시청실

실제 탄광에서 작업하는 소리가 흘러 나오는 이 통로를 지나면 광부들이 사용했던 옷과 각종 채광 도구, 현장 사진들이 전시된 공간이 펼쳐집니다. 이곳에서는 서독 파견 광부 결단식, 교육 탄광 실습 등 파독 광부들의 훈련과 파견 과정을 한눈에 살펴볼 수 있습니다. 반대편에는 파독 간호사들의 활동 모습과 독일에서 사용한 손때 묻은 집기들도 전시되어 있습니다. 또 당시 파독 근로자들을 다룬 신문 기사를 통해 그들이 현지에서 겪었던 차별과 부당함을 이해해 볼 수 있습니다.

"독일에서 30년을 살았는데도 한국이 그리웠다."
"어머니가 보고 싶어서 울다가도 어머니를 생각하며 힘을 냈어요."
"우리는 독일인보다 작았지만 그들에게 모범이 될 만큼 열심히 일했다."

전시장 벽면 한쪽에 전시된 파독 광부와 간호사들의 멘트는 많은 생각이 들게 합니다. 그리고 지금 우리가 이 땅에서 편하게 살 수 있도록 지대한 역할을 해 준 그들에게 존경스러운 마음마저 듭니다. 영상 시청실에서는 한국 전쟁 이후 힘겨웠던 시대적 상황과 고국을 위해 젊은 날을 바친 파독 근로자들의 고단한 삶을 다룬 영상을 상영합니다.

상식 ➕ 더하기
왜 우리나라 사람들이 독일로 파견됐을까?

우리나라는 6·25 전쟁 이후 실업, 외화 부족 등 극심한 경제난에 시달렸습니다. 정부는 우리의 노동력을 해외로 송출하는 방안을 고려했고, 때마침 독일은 제2차 세계 대전 이후 급격한 경제 성장을 이루면서 노동력이 부족한 실정이었습니다. 이에 우리나라는 독일과 협정을 체결하여 한국의 광부, 간호사, 간호조무사 등을 독일에 파견하기 시작했습니다.

재우쌤의 Tip!
남해파독전시관을 관람한 뒤 오늘날의 대한민국을 만들기 위해 타국에서 피땀 흘려 노력한 분들의 희생을 느껴 봅시다. 그들이 독일행 비행기에 몸을 싣게 된 시대적 배경을 살펴보고, 만약 나였다면 그 시절에 어떤 선택을 했을지 상상해 봐도 좋아요. 또 우리 주변에서 만날 수 있는 이주 노동자들의 삶을 살펴보며 세계 시민으로서 사고를 확장해 보세요.

한걸음 더 내딛기

파독 광부·간호사 추모공원

전라북도 남원시 사매면 원평리 1165

남해파독전시관 뒤편에 위치한 파독 광부·간호사 추모공원은 남해독일마을에서 거주하다 돌아가신 파독 광부, 간호사들을 모신 곳입니다. 그들의 희생과 애국정신을 기리고, 후세에 업적을 널리 알리려는 취지로 이곳에 조성했습니다. 뒤로는 울창한 나무를 두고 앞으로는 독일마을을 내려다보는 이 공원은 독일 가정의 정원처럼 색색의 꽃들과 함께 정갈하게 꾸며져 있습니다.

맞춤형 활동 자료

파독 광부와 간호사 이야기 | 독일의 문화를 만나다 | 내 손으로 만드는 작은 외국 | 4컷 만화로 보는 우리나라 경제 성장 | 이주 노동자 인권 프로젝트

> 활동집 50~51p

미리 보기

한국 전쟁을 겪고 산업 시설 대부분이 파괴된 우리나라는 미국의 원조를 받아 식량난을 해소할 정도로 어려운 상황이었습니다. 이 시기 정부는 경제를 재건하기 위해 총력을 다했고, 외화벌이를 위해 많은 광부와 간호사들이 독일로 파견됐습니다. 당시 독일로 갔던 파독 근로자들의 삶을 만나 봅니다.

파독 광부들의 생활

보통 새벽 4시에 기상해 5시부터 작업을 시작했습니다. 작업복을 입고 각종 장비와 물, 점심 빵을 챙기면 지하 1㎞가 넘는 막장으로 들어갈 준비가 끝납니다. 이들은 막장의 천장이 무너지지 않도록 기둥을 설치하는 일을 주로 했는데, 무더운 지하에서 하루 8시간씩 일하다 보면 온몸이 땀과 석탄 가루로 범벅이 되어 서로가 분간이 안 될 정도였다고 합니다.

어두운 갱도 안에는 늘 위험이 도사리고 있었고, 광부들은 하루가 멀다 하고 크고 작은 부상을 입었습니다. 사고로 매몰되어 목숨을 잃는 사람도 많았습니다.

몸이 고달픈 만큼 고국에 대한 그리움도 커졌던 이들은 매일 밤 가족들에게 편지를 쓰거나 한국 가요 테이프를 들으며 마음을 달랬습니다.

파독 간호사들의 생활

한국인 간호사들은 환자들의 대소변을 처리하고 씻기거나 식사를 배급하는 일을 많이 했습니다. 파견 초반에는 시체 닦기와 같은 힘든 일을 도맡기도 했습니다. 이들의 복병은 언어 장벽이었는데, 업무에 적응하며 독일어까지 익혀야 했기 때문에 힘든 날이 많았습니다.

하지만 한국인 간호사들에 대한 독일인들의 평가가 좋은 편이라 대다수의 간호사들이 계약을 연장하는가 하면 아예 독일에 정착하는 사람들도 있었습니다. 독일 전역에 한인 교회가 움트면서 한인회, 여성회, 간호요원회 등 단체 활동도 활발히 진행됐습니다.

남해 _ 보물섬에서 만나는 작은 독일 • 213

재우쌤의 창의여행

선생님과 함께 만들어 가는 즐거운 수업 비바샘에서 체험 활동 수업 전문가인 재우쌤이 **창의융합 여행 코스**와 **맞춤형 활동 자료**를 안내합니다.

채널 바로 가기

▲ 초등

▲ 중고등

서울

[서울] 하늘을 향해 비상하다
[서울] 조선 시대 양반 마을 나들이
[서울] 전태일, 노동 운동에 불을 지피다 … 172
[서울] 풍수 지리의 명당, 한양 1
[서울] 풍수 지리의 명당, 한양 2
[서울] 김구와 안중근, 격동의 시대를 넘다 … 156
[서울] 옛것으로부터 새로움을 열다
[서울] 시인의 우물을 들여다보다 … 54
[서울] 도심 속 녹색 쉼터, 서울숲
[서울] 예술과 만난 재생 공간
[서울] 세종대왕과 한글 이야기
[서울] 호국 보훈의 달
[서울] 시티 투어 버스로 떠나는 건축 여행

경기·인천

[평택] 우리의 소리를 찾아서
[과천] 인간과 동물의 공존을 생각하다
[부천] 한국 만화, 100년의 시간 여행 … 62
[의왕] 철도 산업의 메카
[남양주] 정약용의 실학 정신을 되새기다
[광명] 황금 광산의 재탄생 … 122
[수원] 조선 최초의 계획도시 … 190
[구리] 우리 동네 환경 교육
[파주] 평화 열차 타고 떠나는 DMZ
[인천] 차이나타운에서 만나는 중국 … 182
[성남] 미래 직업의 세계
[인천] 강화도 갯벌과 함께하는 생태 여행
[광주] 남한산성과 세계 문화유산

강원

[원주] 예술적 감성을 키우다 … 130
[화천] 북한강에 움트는 평화
[원주] 혁신 도시로 떠나는 공공 기관 탐험
[태백] 산업 발전을 이끈 석탄의 오늘
[정선] 아리랑 고장의 민속 문화
[강릉] 시대를 앞서간 두 여인
[춘천] 봄을 맞이하다 … 96

충청

[세종] 국가의 행정을 이해하다 … 138
[충주] 택견, 세계의 무술과 만나다
[제천] 폐건물의 신나는 변신
[부여] 백제가 사랑한 마지막 수도 1
[부여] 백제가 사랑한 마지막 수도 2
[청주] 금속 활자 직지, 문화를 찍어 내다 … 114
[아산] 나라를 사랑한 두 위인
[대전] 미래의 과학도를 꿈꾸다
[천안] 유관순을 낳은 독립운동의 터

전라

[담양] 푸른 대숲에 물들다 … 20
[임실] 치즈의 고장으로 떠나는 고소한 여행
[남원] 춘향과 몽룡의 분홍빛 사랑 이야기 … 198
[나주] 독립운동의 불씨를 당긴 학생들
[부안] 겹겹의 시간이 빚어낸 해안 … 80
[부안] 세계 최고의 소금을 맛보다
[목포] 해양 유적을 간직한 도시
[순창] 고추장 비법을 찾아 떠나는 여행 … 70
[구례] 살아 숨 쉬는 지리산 생태 탐방
[광주] 5·18 그날을 기억하다 … 164
[전주] 한옥 마을에서 즐기는 전통문화
[군산] 근대의 삶을 엿보다

경상

[포항] 유배지에서 꽃피운 문화
[봉화] 한반도의 녹색 자원을 만나다
[부산] 낭만 도시에서의 영화 같은 하루
[문경] 옛길을 따라서 … 12
[남해] 보물섬에서 만나는 작은 독일 … 206
[칠곡] 구국의 낙동강 전투를 기억하다
[울산] 전통이 살아 숨 쉬는 옹기 마을
[영주] 선비 정신을 배우다
[상주] 녹색 성장을 구현하는 자전거의 도시 … 88
[통영] 예술을 품은 마을을 산책하다
[하동] 야생차의 고장, 화개골 이야기 … 104
[산청] 동의보감촌에서 한의학을 만나다
[대구] 유네스코 음악 창의 도시
[안동] 세계 유산 도시를 탐방하다 … 36
[울산] 푸른 꿈을 꾸는 고래 도시 … 46
[대구] 골목으로 떠나는 근대 문화 여행
[부산] 시티 투어로 여행하는 해양의 도시
[경주] 신라, 천년의 기술

제주

[제주] 4월 3일을 되돌아보다 … 148
[제주] 세계 자연 유산, 거문 오름과 성산 일출봉
[제주] 올레길에서 만나는 해녀 이야기 … 28
[제주] 한라산 탐험기

재우쌤의 창의여행

초판 1쇄 발행	2023년 1월 1일
지은이	김재우
펴낸곳	㈜비상교육
펴낸이	양태회
기획책임	비상교육 교과서정책코어 공아름
기획	비상교육 창의융합콘텐츠셀 김가희 유지명
표지디자인	비상교육 크리에이티브디자인연구소 김재훈 박선혜 안지승
내지디자인	시작
조판	이음
등록번호	제14-1654호
주소	서울특별시 구로구 디지털로33길 48 대륭포스트타워 7차 20층
대표전화	1544-0554

ISBN 979-11-6940-282-8

- 사진 출처 : 한국관광공사, 문화재청, 인천광역시, 한국문화관광연구원, 대한민국역사박물관, 픽사베이, 위키미디어, 김재우 제공
- 이 책에 실린 여행 정보는 2022년 10월을 기준으로 작성된 것이므로 변경될 수 있습니다.
- 이 책은 저작권법에 따라 보호를 받는 저작물이므로 무단 전재와 복제를 금합니다.
- 이 책 내용의 전부 또는 일부를 사용하려면 반드시 저작권자와 ㈜비상교육의 서면 동의를 받아야 합니다.
- 파손된 책은 구입하신 서점에서 교환해 드리며 책값은 뒤표지에 있습니다.

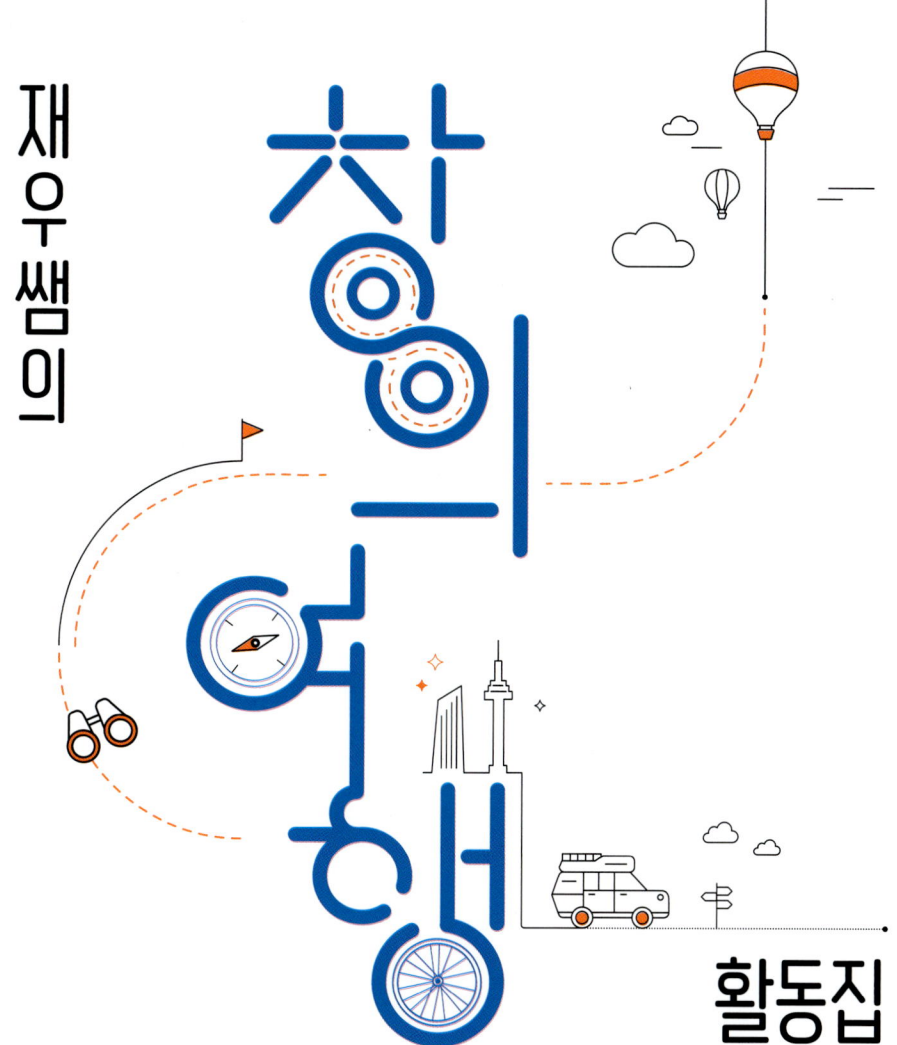

재우쌤의 창의여행 활동집

재우쌤의 창의여행

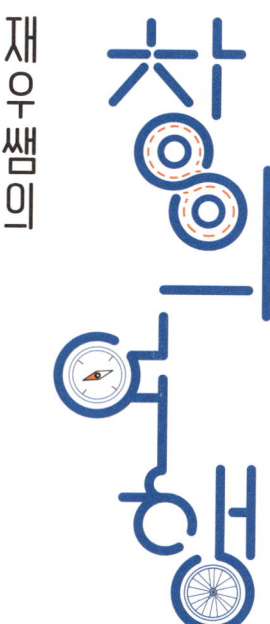

활동집

▲ 초등

▲ 중고등

비바샘 〈재우쌤의 창의여행〉에서 더욱 다양한 맞춤형 활동 자료를 만나 볼 수 있습니다.

서식 자료

견학 보고서

날짜		지역명	
여행 주제			
여행 코스			
일정			
탐방 및 체험 내용			

| 학년 | 반 | 번 | 이름 |

인상 깊은 내용	
더 알고 싶은 점	
느낀 점	

문경
옛길을 따라서

도전! 우리 반 장원 급제

❶ 다음은 문과 시험 마지막에 실제로 왕들이 출제했던 문제입니다.
질문에 대한 나의 생각을 써 봅시다.

| 외교관은 어떤 자질을 갖춰야 하는가? – 중종 |

| 교육이 가야 할 길은 무엇인가? – 명종 |

| 법의 폐단을 고치는 방법은 무엇인가? – 세종 |

학년　반　번　이름

❷ 현재 우리 반에서 가장 시급하게 해결해야 하는 문제 한 가지를 선정해 봅시다.

문제점	
이유	

❸ 위 문제에 대한 나의 주장을 적절한 근거를 들어 정리해 봅시다.

담양 — 푸른 대숲에 물들다

우리는 농업 유산 지킴이

① 우리나라 국가 중요 농업 유산이란 무엇일까요?

개념	
지정 기준	
지정 절차	
지정된 곳	

② 세계 중요 농업 유산이자 국가 중요 농업 유산으로 지정된 농업 자원을 조사해 봅시다.

명칭		지정 범위	
특징			

명칭		지정 범위	
특징			

학년   반   번   이름

❸ 농업 유산으로 지정하고 싶은 농업 자원을 적어 봅시다.

명칭		지정 범위	
특징			
지정 이유			

❹ 위 농업 자원을 홍보하는 브로슈어를 제작해 봅시다.

제주

올레길에서 만나는
해녀 이야기

제주 올레길 걷기

❶ 제주 올레길 여행을 계획해 봅시다.

올레길 명칭		난이도	
거리(km)		소요 시간	
경로			
구간 표시			

| 학년 | 반 | 번 | 이름 |

❷ 내가 다녀 온 올레길 여행을 기록해 봅시다.

그림	보고 느낀 점

안동

세계 유산 도시를 탐방하다

나만의 탈 디자인하기

① 세계 여러 나라의 탈을 관찰해 봅시다.

이름		국가	
기능			
상징적 의미와 특징			

이름		국가	
기능			
상징적 의미와 특징			

이름		국가	
기능			
상징적 의미와 특징			

학년　　반　　번　　이름

❷ 탈의 기능과 상징적 의미를 고려하여 나만의 탈을 디자인해 봅시다.

이름	
기능	
상징	

뚜벅뚜벅 • 11

신비한 고래의 비밀 파헤치기

① 고래와 관련된 궁금증을 주제별로 분류하고, 사실을 찾아 적어 봅시다.

고래의 탄생과 관련된 비밀

고래의 생활과 관련된 비밀

고래의 모습과 관련된 비밀

학년　　반　　번　　이름

2 고래에 대해 밝혀지지 않은 점들을 조사하고, 과학적 자료를 통해 사실을 추측해 봅시다.

밝혀지지 않은 고래의 비밀	
관련 자료	
나의 추측	

풍덩 • 13

우리가 만드는 윤동주 문학제

❶ 윤동주 시인의 대표작 <서시>를 손글씨로 필사해 봅시다.

> 서시(序詩)
>
> 윤동주
>
> 죽는 날까지 하늘을 우러러
> 한점 부끄럼이 없기를,
> 잎새에 이는 바람에도
> 나는 괴로워했다.
> 별을 노래하는 마음으로
> 모든 죽어가는것을 사랑해야지.
> 그리고 나한테 주어진 길을
> 걸어가야겠다.
> 오늘밤에도 별이 바람에 스치운다.

❷ 윤동주가 살았던 시대적 상황과 그의 입장을 헤아려 봅시다.

시대적 배경	
윤동주의 상황과 심정	

학년   반   번   이름

❸ 윤동주의 입장에서 시를 써 보고, 친구들과 작은 전시회를 열어 봅시다.

나만의 캐릭터 만들기

한국 만화, 100년의 시간 여행

① 나의 특징을 생각하여 적어 봅시다.

이름	
생김새	
좋아하는 것과 싫어하는 것	
나만이 가진 매력	

학년   반   번   이름

2 앞에서 파악한 나의 특징들을 반영한 '나'의 캐릭터를 그려 보고, 특징을 써 봅시다.

순창 — 고추장 비법을 찾아 떠나는 여행

순창 소스의 세계화 전략

❶ 순창의 지역화 전략에 대해 조사해 봅시다.

지역 브랜드	
장소 마케팅	
지리적 표시제	

❷ 순창 고추장이 해외에서도 경쟁력을 갖추기 위해 필요한 아이디어를 떠올려 봅시다.

학년　　반　　번　　이름

❸ 나의 아이디어를 적용하여 순창 고추장을 홍보하는 포스터를 제작해 봅시다.

부안 — 겹겹의 시간이 빚어낸 해안

지질 명소를 소재로 한 시화 그리기

① 지질 명소를 소재로 한 문학이나 미술 작품을 조사해 봅시다.

작품명	지질 명소	위치	특징

② 아래 지질 명소의 생성 과정을 알아보고, 떠오르는 생각과 느낌을 적어 봅시다.

생성 과정	
생각과 느낌	

생성 과정	
생각과 느낌	

| 학년 | 반 | 번 | 이름 |

3 좋아하는 지질 명소를 살펴보고, 이에 대한 감상을 시화로 표현해 봅시다.

지질 명소		위치	
생성 과정			
특징			
생각과 느낌			

푸릇푸릇 • 21

슬기롭고 안전한 자전거 생활

상주 — 녹색 성장을 구현하는 자전거의 도시

❶ 자전거와 관련된 안전 표지판의 의미를 알아봅시다.

학년   반   번   이름

2 자전거 안전 수칙을 더 조사해 봅시다.

3 자전거 안전 수칙 OX 퀴즈를 만들고 친구들과 함께 풀어 봅시다.

문제 ①		O X
문제 ②		O X
문제 ③		O X
문제 ④		O X
문제 ⑤		O X

푸릇푸릇 • 23

춘천 / 봄을 맞이하다

물 절약 프로젝트

❶ 우리 집 물 절약 점검표를 만들고 일주일 동안 실천해 봅시다.

<div align="center">물 절약 점검표</div>									
			잘 실천함 ○표 / 보통 △표 / 실천하지 않음 ✕표						
방법 \ 날짜	/	/	/	/	/	/	/
1.							
2.							
3.							
4.							
5.							
6.							
7.							
8.							
9.							
10.							

학년   반   번   이름

❷ 물 절약을 실천해 본 소감을 적고, 친구들과 이야기해 봅시다.

❸ 물 절약을 실천한 후 느낀 점을 담아 물 절약 다짐 카드를 만들어 봅시다.

하동

야생차의 고장,
화개골 이야기

지역 특산품 알리기

❶ 우리 지역의 특산품을 조사하고, 특산품을 주제로 한 마인드맵을 그려 봅시다.

지역명		특산물	
기후 및 지리			
역사 및 현황			
특장점			

학년   반   번   이름

❷ 우리 지역의 특산품을 알리는 홍보 전시관을 기획해 봅시다.

전시명	
테마	
주요 전시품	

❸ 위 내용들을 바탕으로 특산물 홍보 전시관을 꾸며 봅시다.

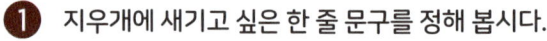

지우개로 활자 체험하기

청주 — 금속 활자 직지, 문화를 찍어 내다

1 지우개에 새기고 싶은 한 줄 문구를 정해 봅시다.

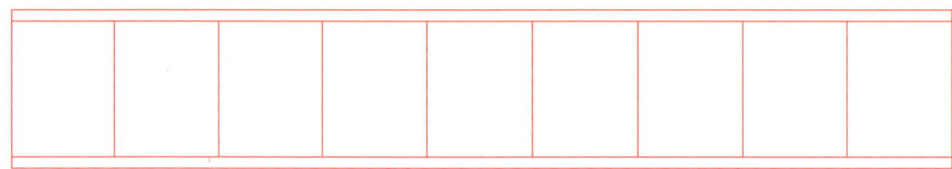

2 위 문구의 글자를 하나씩 좌우 반전시켜 적어 봅시다.

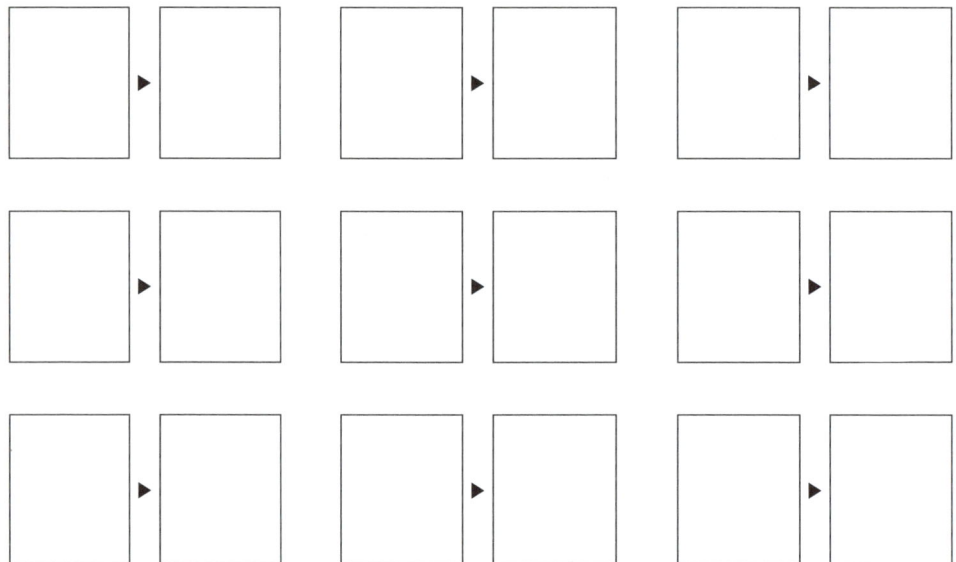

학년　　반　　번　　이름

3 글자 수만큼의 지우개를 준비하고 지우개 하나에 한 글자씩 양각합니다. 문자를 새긴 지우개를 순서에 맞게 나열하여 고정하고, 먹물이나 물감을 묻혀 찍어 내 봅시다. (문구와 어울리는 그림을 그려서 꾸며도 좋습니다.)

황금 광산의 재탄생

① 참가하고 싶은 업사이클 공모전을 찾아봅시다.

공모전명	
공모 주제	
공모 부문	
접수 기간	
접수 방법	

② 위 공모전에 도전하기 위한 계획을 세워 봅시다.

학년   반   번   이름

❸ 업사이클 공모전 출품작을 구상해 봅시다.

작품명	
제작 의도	
특징	

반짝반짝

원주

예술적 감성을 키우다

랜선 지역 축제 기획하기

❶ 특산품, 관광 명소, 유명 인사 등 우리 지역만의 특색 있는 문화·예술을 적어 봅시다.

❷ 우리 지역의 문화·예술을 주제로 한 온라인 축제를 기획해 봅시다.

축제명	
기간	
채널	예) 유튜브, 인스타 라이브, 지역 문화관광 홈페이지
축제 소개	
출연진	

학년   반   번   이름

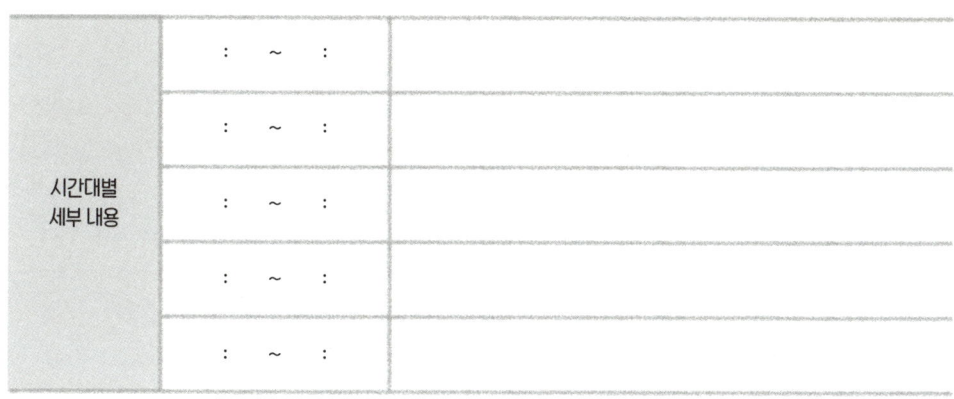

시간대별 세부 내용	: ~ :	
	: ~ :	
	: ~ :	
	: ~ :	
	: ~ :	

❸ 온라인 지역 축제를 알리는 홈페이지의 메인 화면을 꾸며 봅시다.

세종
국가의 행정을 이해하다

우리 반 모의 대통령 선거

❶ 대통령 선거에 출마한다고 생각하고 나의 5대 공약을 구상해 봅시다.

1	
2	
3	
4	
5	

❷ 대통령 선거 연설을 위한 연설문을 작성해 봅시다.

연 설 문

3 공약과 연설문을 바탕으로 한 대통령 선거 포스터를 만들어 봅시다.

제주
4월 3일을 되돌아보다

제주도로 떠나는 다크투어

① 제주 다크투어의 콘셉트를 생각한 뒤 여행 코스를 정해 봅시다.

다크투어 콘셉트						
	①		②		③	
	④		⑤		⑥	
유적지 (지도 위에 위치 표시)						
여행 코스						

36 • 재우쌤의 창의여행

학년　반　번　이름

❷ 앞서 기획한 내용을 바탕으로 제주 다크투어의 세부 일정을 세워 봅시다.

제목			날짜	
여행 목적				
이동 방법				
예상 시간			예상 비용	
세부 계획	코스 1	사진	유적지	
			주소	
			소개 및 유의 사항	
	코스 2	사진	유적지	
			주소	
			소개 및 유의 사항	
	코스 3	사진	유적지	
			주소	
			소개 및 유의 사항	

글쌤 • 37

서울

김구와 안중근, 격동의 시대를 넘다

나라를 사랑한 사람들

❶ 독립운동가를 조사하여 보고서를 작성해 봅시다.

이름	
선정 이유	
생애	
업적	
느낀 점	

학년　　반　　번　　이름

2 앞서 조사한 독립운동가 보고서를 바탕으로 '나라 사랑 다짐서'를 만들어 봅시다.

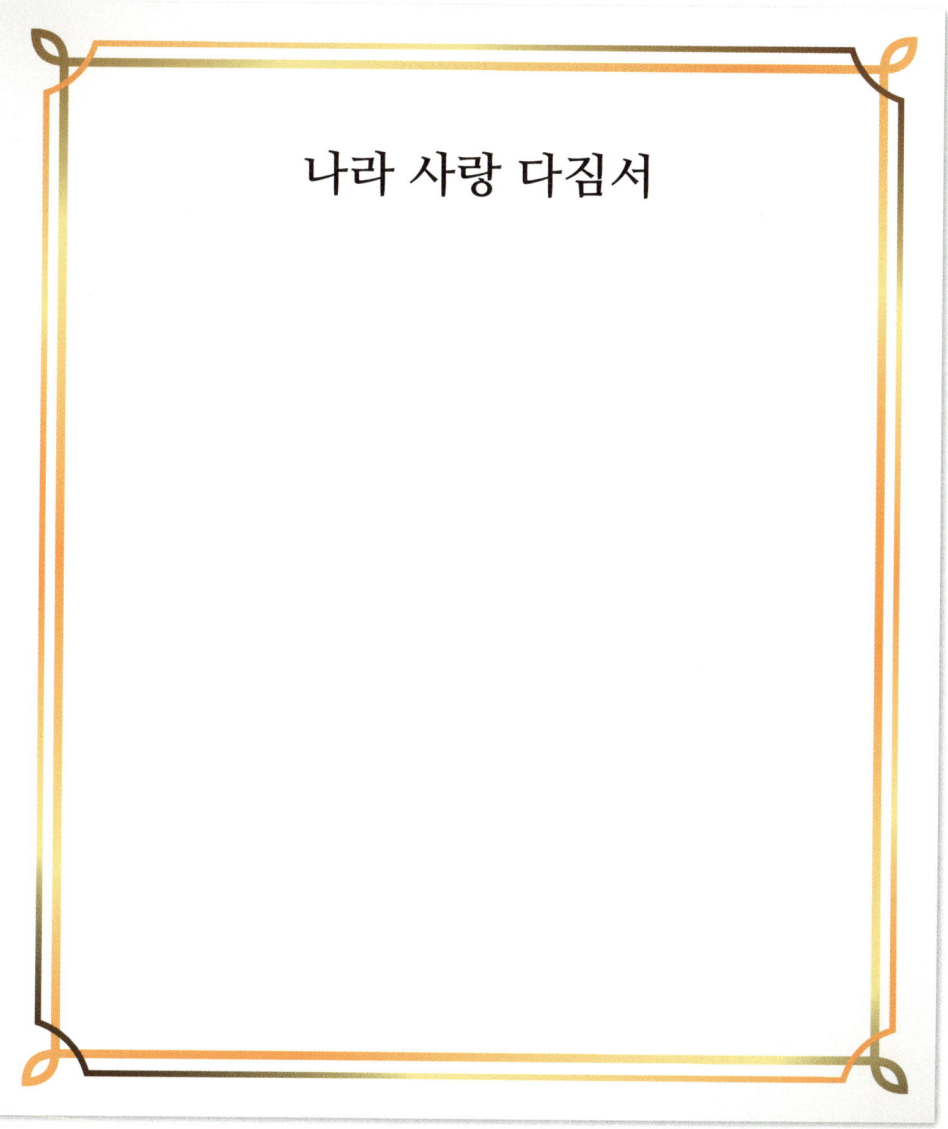

나라 사랑 다짐서

5·18 그날을 기억하다

5·18 현장 취재 기사 작성하기

❶ 5·18 민주화 운동 당시 국내 언론과 해외 언론의 기사를 찾아봅시다.

사진	보고 느낀 점

- 국내 언론이 진실을 알리지 않은 이유는 무엇일까요?

- 민주주의 발전을 위해 언론이 해야 할 역할은 무엇일까요?

학년   반   번   이름

❷ 1980년 5월 18일, 당시 기자가 되어 그날의 이야기를 신문 기사로 써 봅시다.

전태일, 노동 운동에 불을 지피다

내가 만약 봉제 공장 사장이라면?

1 다음은 1960~70년대 당시 평화시장의 노동 환경과 우리나라 물가에 대한 자료입니다. 자료를 보고 근로자들의 권리를 보장하기 위한 내규를 만들어 봅시다.

임금	
근로 시간	
기타 복지 제도	

학년   반   번   이름

❷ 앞서 작성한 내규를 바탕으로 봉제 공장의 사장이 되어 구인 광고를 내 봅시다.

○○ 피복 구인 공고

- 모집 분야

- 근무 환경

- 임금

- 특이 사항

인천

차이나타운에서 만나는 작은 중국

차이나타운에서 만나는 맛과 멋

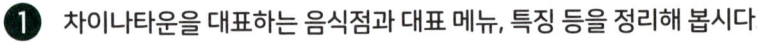

① 차이나타운을 대표하는 음식점과 대표 메뉴, 특징 등을 정리해 봅시다.

음식점	대표 메뉴	특징

② 차이나타운을 대표하는 명소와 그 특징을 조사해 봅시다.

명소	특징

| 학년 | 반 | 번 | 이름 |

3 앞서 조사한 내용을 바탕으로 나만의 차이나타운 관광 지도를 완성해 봅시다.
(각 지점의 위치를 표시한 뒤 사진, 그림, 소개하는 글로 꾸며 봅시다.)

수원

조선 최초의 계획도시

건축물 따라 걷는 스탬프 투어

❶ '수원화성 성곽길 스탬프 투어'를 하고, 10경의 도장을 모아 봅시다.

제1경 화성행궁	제2경 수원화성박물관
제3경 창룡문	제4경 화홍문
제5경 장안문	제6경 수원전통문화관
제7경 화서문	제8경 서장대
제9경 팔달문	제10경 남수문

학년   반   번   이름

❷ 10경 중 가장 기억에 남는 건축물을 고르고 그 특징을 적어 봅시다.

건축물	
특징	

❸ 지역 SNS 계정의 관리자가 되어 위 건축물을 알리는 게시물을 써 봅시다.

♥ 10,540

판소리 <춘향가> 업고 놀기

춘향과 몽룡의 분홍빛 사랑 이야기

❶ 장구 장단 연주법과 아래 악보를 참고하여 판소리 <춘향가> 중 '사랑가'를 불러 봅시다.

▶ 장구 장단 연주법

기호	구음	장구를 치는 방법
⊕	덩	북편과 채편을 함께 치기
ǀ	덕	채편만 치기
○	쿵	북편만 치기

❷ <춘향전> 속 춘향과 몽룡의 행복한 날을 상상하며 '사랑가'의 악보에 새로운 제목과 가사를 붙이고, 장단 맞춰 불러 봅시다.

남해

보물섬에서 만나는 작은 독일

이주 노동자 인권 프로젝트

❶ 우리나라 이주 노동자들의 실태를 다룬 기사를 조사해 보고, 문제점과 개선점을 적어 봅시다.

문제점과 개선점	문제점과 개선점

학년   반   번   이름

❷ 이주 노동자들을 위한 인권 선언문을 만들어 봅시다.

이주 노동자들을 위한 인권 선언문

제1조

제2조

제3조

제4조

제5조

제6조

제7조

20   .   .

memo